...binator unter uns~ sind Bio-Türken & Knoblauch-Deutsche~ sind
...kies~ essen gerne Frauenschenkelköfte~ haben Kebabinator unter
...Pideschnüffler~ Wir sind köftesüchtig~ sind Börekjunkies~ essen g
...Deutsche~ Wir sind köftesüchtig~ sind Mokkamakina, Kurabiyekr
...chenkelköfte~ haben Kebabinator unter uns~ sind Bio-Türken & K
...d Bio-Türken & Knoblauch-Deutsche~ Wir sind köftesüchtig~ sind
...uenschenkelköfte~ essen gerne Frauenschenkelköfte~ haben Keba
...krümler und Pideschnüffler~ Wir sind köftesüchtig~ sind Börekjur
...noblauch-Deutsche~ sind Mokkamakina, Kurabiyekrümler und P
...~haben Kebabinator unter uns~ sind Bio-Türken & Knoblauch-De
...d Börekjunkies~ Wir sind köftesüchtig~ essen gerne Frauenschen
...Mokkamakina, Kurabiyekrümler und Pideschnüffler~ Wir sind k
...haben Kebabinator unter uns~ sind Bio-Türken & Knoblauch-Deu
...d Börekjunkies~ essen gerne Frauenschenkelköfte~ haben Kebab
...mler und Pideschnüffler~ Wir sind köftesüchtig~ sind Börekjunkie
...lauch-Deutsche~ sind Mokkamakina, Kurabiyekrümler und Pide
...~haben Kebabinator unter uns~ sind Bio-Türken & Knoblauch-De
...d Börekjunkies~ essen gerne Frauenschenkelköfte~ haben Kebab
...tsche~ sind Mokkamakina, Kurabiyekrümler und Pideschnüffler~
...binator unter uns~ sind Bio-Türken & Knoblauch-Deutsche~ sind
...kies~ essen gerne Frauenschenkelköfte~ sind Bio-Türken & Knobla
...d Mokkamakina, Kurabiyekrümler und Pideschnüffler~ Wir sind
...nter uns~ sind Bio-Türken & Knoblauch-Deutsche~ sind Mokkama
...~ essen gerne Frauenschenkelköfte~ haben Kebabinator unter un
...Pideschnüffler~ Wir sind köftesüchtig~ sind Börekjunkies~ essen g
...Deutsche~ sind Mokkamakina, Kurabiyekrümler und Pideschnüff
...binator unter uns~ Wir sind köftesüchtig~ sind Bio-Türken & Knol
...rauenschenkelköfte~ sind Mokkamakina, Kurabiyekrümler und P
...~haben Kebabinator unter uns~ sind Bio-Türken & Knoblauch-De
...d Börekjunkies~ essen gerne Frauenschenkelköfte~ haben Kebab
...mler und Pideschnüffler~ Wir sind köftesüchtig~ sind Börekjunkie
...lauch-Deutsche~ sind Mokkamakina, Kurabiyekrümler und Pide
...~haben Kebabinator unter uns~ sind Bio-Türken & Knoblauch-De
...ir sind köftesüchtig~ sind Börekjunkies~ ...auenscher
...ter uns~ sind Bio-Türken & Knoblauch~ ...Mokkama
...d köftesüchtig~ sind Börekjunkies~ s... ...Knoblauch
...-Türken & Knoblauch-Deutsche~ sind ...rabiyekr
...chenkelköfte~ haben Kebabinator unter uns~ sind Bio-Türken & Kr
...~ sind köftesüchtig~ sind Börekjunkies~ essen gerne Frauenschenk
...amakina, Kurabiyekrümler und Pideschnüffler~ Wir sind köftesü
...Kebabinator unter uns~ sind Bio-Türken & Knoblauch-Deutsche~ s
...ekjunkies~ Wir sind köftesüchtig~ essen gerne Frauenschenkelköft
...kina, Kurabiyekrümler und Pideschnüffler~ Wir sind köftesüchti
...d Bio-Türken & Knoblauch-Deutsche~ sind Mokkamakina, Kurab
...enschenkelköfte~ haben Kebabinator unter uns~ sind Bio-Türken
...sind köftesüchtig~ sind Börekjunkies~ essen gerne Frauenschen

Liebe Andrea, lieber Mehran!

Wie schnell doch 2 Jahre vergehen können...

Vielen Dank für eure liebevolle und kreative Betreuung!

Herzliche Grüße

Yunus + Tuğba + Jochen

P.S.: Ein Köfterezept findet ihr auf Seite 164 :)

Doyç

Impressum

Im Web-Angebot **KochDichTürkisch** bringen wir Menschen unterschiedlicher Herkunft zusammen und lassen sie teilhaben an deutsch-türkischen Lebenswelten. Mit einfach nachkochbaren Rezepten aus der türkischen Küche und Hintergrundgeschichten zu diesen. Mit einem Augenzwinkern nehmen wir uns den kleinen und großen Missverständnissen im deutsch-türkischen Miteinander an und schreiben darüber. Mit Selbstironie und Toleranz wollen wir Brücken bauen, Vorurteilen entgegentreten und uns in die Töpfe schauen lassen. Wir sind ein kleines Team von leidenschaftlichen Hobby-Köchen und Türkisch-Sein-Interessierten.
Wir schreiben über die türkische Kultur in Deutschland, kochen türkische Hausmannskost und zeigen es in einzelnen Rezept-Videos. Dabei ist das Besondere, dass wir keine Rezepte *nur* als Text einstellen, sondern jeden Schritt im Video dokumentieren. Dann fällt das Nachkochen umso leichter, denn das *Türkischkochen* funktioniert etwas anders als das *Deutschkochen*. **www.kochdichtürkisch.de**

Doyç Verlag ~ Birkenstraße 122 ~ 40237 Düsseldorf
www.doyç.de ~ 2. Auflage, 2013

Herausgeber   Orhan Tançgil
Druck und Bindung   CPI-Books

ISBN   978-3-9815476-1-0

Vorwort

Meine Mutter sagte mal: „*Kochen ist nichts für Männer, das machen bei uns die Frauen*". Das war mir egal und ich vermisste genau dieses türkische Essen von Muttern, was es nicht beim Fast-Food-Türken gab. Also will man halt selbst kochen. Endlose Telefonate mit treffenden Anweisungen wie z.B. „*ein Glas davon und hiervon und dann rühren bis es fertig ist*" waren nicht die erleuchtenden Erklärungen, wie ich es sonst in Deutschland gelernt hatte. Also üben. Nachdem wir dann in den letzten Jahren viel gemeinsam gekocht haben, hat sich ihre Meinung bezüglich Männer-Kochen geändert. Außerdem habe ich die Erfahrung festgehalten. Seit über fünf Jahren halten wir mit unserem Foodblog KochDichTürkisch.de die Koch-Erfahrung unserer Familien und Eltern in Wort, Bild und Video fest. Aus dieser Leidenschaft heraus ist dieses Buch entstanden. Ich danke schon mal an dieser Stelle allen Freunden, Verwandten und Statisten beim Mitmachen (Details im Dank).

Das Buch bietet für alle Interessierten der türkischen Küche Rezepte für den Alltag und komplette Menüs – wir nennen es im Türkischen **SOFRA***lar* – die türkischen Tafeln. Die Sofras spielen in unserer persönlichen Erfahrung eine große Rolle, denn je nach Anlass haben sich die Speisen auf den Tischen geändert, aber auch gemischt. Welches Gericht zu welcher Tafel passt, ist variabel. Eine *Tarhana* Suppe trinkt man zur *Aile Sofrası* (bei Familie zu Tisch), aber auch zum *Kahvaltı* (dem Frühstück). Legendär waren für mich die *Misafir Sofrası* von Mutter, da wurde mit dem Kochen drei Tage vorher begonnen. Damit Sie diese Zeit und den Aufwand einplanen können beim Nachkochen aus diesem Buch, haben wir eine kompakte Checkbox gestaltet. Sie zeigt Aufwand, Vorbereitungs-/Zubereitungszeit, Anzahl der Personen und passende andere Speisen auf einen Blick.

Eine weitere hilfreiche Komponente stellen die Videos dar. Aus dem Blog, über das Internet sind sie hier im Buch gelandet. Bei über 22 Rezepten lässt sich mit einem Smartphone der QR-Code ablesen oder man gibt einfach den Link im Browser ein. So können Sie Schritt für Schritt sehen wie das Gericht zubereitet wird. Dabei sind die Zutaten auch auf Türkisch ausgesprochen, denn so können Sie beim Einkauf diese leichter finden. Manch Zutat gibt es nur beim Türken um die Ecke. Im Buch ist bei jedem Rezept eine Aussprachhilfe unter dem türkischen Namen – einfach auf Deutsch lesen.

Dieses Buch besteht aus einer sehr persönlichen Sammlung von Rezepten und Anekdoten der KochDichTürkisch-Redaktion. Wir haben also eine gehörige Prise private Erfahrung aus den sieben Tafeln hier festgehalten. Wir wünschen Ihnen nun viel Spaß beim Zusammenstellen und Nachkochen ihrer ganz persönlichen SOFRA.

Orhan Tançgil

SOFRAlar [ßofralarr]

07 AILE SOFRASI [eijle ßofrase]

ALMSUPPE
10 **Yayla çorbası**
TÜRKISCHER KARTOFFELSALAT
12 **Patates Salatası**
CACIK
14 **Cacık**
TÜRKISCHES LAUCHGEMÜSE IN OLIVENÖL MIT REIS UND MÖHREN
16 **Zeytinyağlı pırasa**
GRÜNE BOHNEN IN OLIVENÖL
18 **Zeytinyağlı taze fasulye**
KLASSISCHER REIS PILAV
20 **Pirinç pilavı**
GESCHMORTES LAMMFLEISCH MIT KICHERERBSEN
22 **Etli nohut**
SPINAT MIT HACKFLEISCH UND JOGHURT
25 **Kıymalı ıspanak**
WEISSER BOHNEN EINTOPF
26 **Kuru fasulye**
GEFÜLLTE PAPRIKA MIT HACKFLEISCH
28 **Etli biber dolması**
GESCHMORTES LAMMFLEISCH MIT OKRASCHOTEN
32 **Etli bamya**
SÜSSER KÜRBIS MIT KAYMAK
34 **Kabak tatlısı**
NOAHS SÜSSSPEISE
36 **Aşure**

39 MISAFIR SOFRASI [mießafier ßofrase]

OMA HANIFE'S KALTE JOGHURTSUPPE MIT WEIZEN
42 **Buğdaylı ayran çorbası**
AUBERGINENPASTE MIT JOGHURT
44 **Yoğurtlu Patlıcan Ezmesi**
FAVA PÜREE MIT DILL
46 **Fava**
SELLERIE-KNOLLE IN OLIVENÖL MIT MÖHREN
48 **Zeytinyağlı kereviz**
TSCHERKESSISCHES HUHN MIT WALNUSS-PÜRREE
50 **Çerkez tavuğu**
GEBRATENE NUDELN AUF TÜRKISCHE ART
52 **Şehriye pilavı**
MIT HACKFLEISCH GEFÜLLTE AUBERGINE
54 **Karnıyarık**
WÜRZIG-ZARTE HÄHNCHENKOTELETTS IM OFEN
56 **Fırında tavuk pirzola**
TÜRKISCHE WEISSKOHL ROULADEN
58 **Etli lahana sarması**
HAUSGEMACHTE BEYTI KEBAP (KÖFTE IM SCHLAFROCK)
60 **Ev usulü beyti kebap**
SÜSSER MAISGRIESS MIT PINIENKERNEN
62 **İrmik helvası**
QUITTEN IM SIRUP MIT KAYMAK
64 **Ayva tatlısı**

67 ÇAY SOFRASI [tschaj ßofrase]

TÜRKISCHER TEE
70 **Çay**
WEISSER BOHNENSALAT
72 **Piyaz**
MÖHREN-JOGHURT-CREME
74 **Havuçlu yoğurt**
TÜRKISCHER BULGURSALAT
76 **Kısır**
SIMIT (SESAMKRINGEL)
78 **Simit**
YUFKATEIG FÜR BÖREK
080 **Yufka hamuru**
BÖREK IM BACKBLECH
082 **Tepsi böreği**
KURABIYE MIT MANDELN ~ SÜSSGEBÄCK
084 **Bademli kurabiye**
HERZHAFTE KURABIYE (PLÄTZCHEN) NACH GÄRTNERART
086 **Bahçıvan kurabiyesi**
ŞEKERPARE ~ SÜSSES GEBÄCK IN SIRUP
088 **Şekerpare**
SÜSSE RÖLLCHEN MIT ENGELSHAAR UND WALNÜSSEN
090 **Yufkalı kadayıf sarması**

093 KAHVALTI SOFRASI [kahwalte ßofrase]

TARHANA SUPPE
096 **Tarhana çorbası**
HIRTENSALAT
098 **Çoban Salatası**
ÇÖKELEK SALAT
100 **Çökelek salatası**
MENEMEN ~ EIER MIT GEMÜSE IN DER PFANNE
102 **Menemen**
WÜRSTCHEN IN TOMATENSOSSE
104 **Salçalı sosis**
SPIEGELEIER MIT SUCUK
106 **Sucuklu yumurta**
SCHAFSKÄSE-BRÖTCHEN
108 **Poğaça**
SÜSSER BROTAUFSTRICH ~ DIP AUS SESAMPASTE UND TRAUBENSIRUP
110 **Tahin pekmez**

112 RAKI SOFRASI [raake ßofrase]

SPINAT-JOGHURT SALAT
116 **Yoğurtlu Ispanak**
ŞAKŞUKA ~ GEBRATENES GEMÜSE MIT JOGHURT
118 **Şakşuka**
RUSSISCHER SALAT
120 **Rus salatası**
FEURIG-SCHARFE, FRUCHTIGE GEMÜSE-SALSA
122 **Antep ezmesi**
PIKANTE JOGHURT-KÄSECREME
124 **Haydari**
AUBERGINENSALAT
126 **Baba gannuş**
LINSENLIEBCHEN
128 **Mercimekli köfte**
HUMMUS ~ KICHERERBSEN PÜREE
130 **Humus**
ZUCCHINIPUFFER
132 **Kabak mücveri**
MIT HACKFLEISCH UND WALNÜSSEN GEFÜLLTE BULGURKLÖSSE
134 **İçli köfte**
LEBER ALBANISCHE ART
138 **Arnavut ciğeri**
ZIGARETTEN-BÖREK ~ GEFÜLLTE TEIGRÖLLCHEN
140 **Sigara böreği**
ENGELSHAAR IN SIRUP MIT GESCHMOLZENEM KÄSE
142 **Künefe**
TÜRKISCHER MOKKA
144 **Türk kahvesi**

146 PIKNIK/MANGAL SOFRASI [picknick mangall ßofrase]

TÜRKISCHES JOGHURTGETRÄNK
150 **Ayran**
FRUCHTIG-ORIENTALISCHER LINSENSALAT
152 **Meyveli mercimek salatası**
HALLOUMI-CHAMPIGNON-SPIESSE MIT MARINIERTEN KRÄUTERN (GEGRILLT)
154 **Hellim şiş**
GEGRILLTE MAISKOLBEN
156 **Mangalda mısır**
MIT KÄSE GEFÜLLTE CHAMPIGNONS (GEGRILLT)
158 **Mangalda peynirli mantar**
MARINIERTE HÄHNCHEN-GEMÜSE-SPIESSE (GEGRILLT)
160 **Mangalda tavuk şiş**
MARINIERTE LAMMKOTELETTS (GEGRILLT)
162 **Mangalda pirzola**
TÜRKISCHE FRIKADELLEN
164 **Köfte**
ADANA KEBAP (GEGRILLT)
166 **Adana kebap**
GEGRILLTE SUCUK
168 **Mangalda sucuk**
OMA SENIHA'S GEDECKTER APFELKUCHEN
170 **Seniha annenin elmalısı**

172 IFTAR SOFRASI [ieftarr ßofrase]

ROTE LINSENSUPPE
176 **Mercimek çorbası**
PORTULAK SALAT
178 **Semizotu salatası**
DER IMAM FIEL IN OHNMACHT ~ VEGETARISCH GEFÜLLTE AUBERGINEN
180 **İmam bayıldı**
PAÇANGA BÖREĞI ~ YUFKA-TEIGTASCHEN, MIT PASTIRMA
182 **Paçanga Böreği**
REIS MIT HÜHNCHEN
184 **Tavuklu pilav**
FRAUENSCHENKEL FRIKADELLEN
186 **Kadınbudu köfte**
GEFÜLLTE WEINBLÄTTER MIT HACKFLEISCH
188 **Etli yaprak sarması**
OFEN FRIKADELLEN NACH IZMIR ART
190 **Fırında İzmir köfte**
SULTANS ENTZÜCKEN ~ LAMMRAGOUT AUF CREMIGEM AUBERGINENPÜREE
192 **Hünkâr Beğendi**
LASEN-BÖREK ~ SÜSSE FILOTEIGSCHNITTEN MIT MILCHCREME-FÜLLUNG
194 **Laz böreği oder Paponi**
MILCHMAISTRAUM
198 **Güllaç**
ENGELSHAAR MIT SÜSSER MILCHCREME-FÜLLUNG
200 **Muhallebili tel kadayıfı**

ALLE REZEPTE MIT VIDEOS AUF EINEN BLICK
202 **Schau Dich Türkisch**
204 **Kategorien/Zutaten**
206 **Glossar**
207 **Sprich Dich Türkisch**
207 **Danke**
208 **Das Team**

Rezepte alphabetisch

DEUTSCHE NAMEN

- Adana Kebap (gegrillt) 166
- Almsuppe 10
- Auberginenpaste mit Joghurt🌱 44
- Auberginensalat 126
- Börek im Backblech🌱 82
- Cacık 14
- Çökelek Salat🌱 100
- Der Imam fiel in Ohnmacht ~ vegetarisch gefüllte Auberginen🌱 180
- Engelshaar in Sirup mit geschmolzenem Käse🌱 ... 142
- Engelshaar mit süßer Milchcreme-Füllung🌱 ... 200
- Fava Püree mit Dill🌱 46
- Feurig-scharfe, fruchtige Gemüse-Salsa🌱 ... 122
- Frauenschenkel Frikadellen 186
- Fruchtig-orientalischer Linsensalat🌱 152
- Gebratene Nudeln auf türkische Art🌱 52
- Gefüllte Paprika mit Hackfleisch 28
- Gefüllte Weinblätter mit Hackfleisch 188
- Gegrillte Maiskolben🌱 156
- Gegrillte Sucuk 168
- Geschmortes Lammfleisch mit Kichererbsen ... 22
- Geschmortes Lammfleisch mit Okraschoten ... 32
- Grüne Bohnen in Olivenöl🌱 18
- Halloumi-Champignon-Spieße mit marinierten Kräutern (gegrillt)🌱 154
- Hausgemachte Beyti Kebap (Köfte im Schlafrock) ... 60
- Herzhafte Kurabiye (Plätzchen) nach Gärtnerart🌱 ... 86
- Hirtensalat🌱 98
- Hummus ~ Kichererbsen Püree🌱 130
- Klassischer Reis Pilav🌱 20
- Kurabiye mit Mandeln ~ Süßgebäck🌱 84
- Lasen-Börek ~ Süße Filoteigschnitten mit Milchcreme-Füllung 194
- Leber Albanische Art 138
- Linsenlaibchen🌱 128
- Marinierte Hähnchen-Gemüse-Spieße (gegrillt) ... 160
- Marinierte Lammkotelets (gegrillt) 162
- Menemen ~ Eier mit Gemüse in der Pfanne🌱 ... 102
- Milchmaistraum🌱 198
- Mit Hackfleisch gefüllte Aubergine 54
- Mit Hackfleisch und Walnüssen gefüllte Bulgurklöße ... 134
- Mit Käse gefüllte Champignons (gegrillt)🌱 ... 158
- Möhren-Joghurt-Creme🌱 74
- Noahs Süßspeise🌱 36
- Ofen Frikadellen nach Izmir Art 190
- Oma Hanife's kalte Joghurtsuppe mit Weizen🌱 ... 42
- Oma Seniha's gedeckter Apfelkuchen🌱 170
- Paçanga Böreği ~ Yufka-Teigtaschen, mit Pastırma ... 182
- Pikante Joghurt-Käsecreme🌱 124
- Portulak Salat🌱 178
- Quitten im Sirup mit Kaymak🌱 64
- Reis mit Hühnchen 184
- Rote Linsensuppe🌱 176
- Russischer Salat🌱 120
- Şakşuka ~ Gebratenes Gemüse mit Joghurt🌱 ... 118
- Schafskäse-Brötchen🌱 108
- Şekerpare – Süßes Gebäck in Sirup🌱 88
- Sellerie-Knolle in Olivenöl mit Möhren🌱 ... 48
- Simit (Sesamkringel)🌱 78
- Spiegeleier mit Sucuk 106
- Spinat-Joghurt Salat🌱 116
- Spinat mit Hackfleisch und Joghurt 24
- Sultans Entzücken ~ Lammragout auf cremigem Auberginenpüree 192
- Süßer Brotaufstrich ~ Dip aus Sesampaste und Traubensirup🌱 110
- Süßer Kürbis mit Kaymak🌱 34
- Süßer Maisgrieß mit Pinienkernen🌱 62
- Süße Röllchen mit Engelshaar und Walnüssen🌱 ... 90
- Tarhana Suppe🌱 96
- Tscherkessisches Huhn mit Walnuss-Pürree ... 50
- türkische Frikadellen 164
- Türkischer Bulgursalat🌱 76
- Türkischer Kartoffelsalat🌱 12
- Türkischer Mokka🌱 144
- Türkischer Tee🌱 70
- Türkisches Joghurtgetränk🌱 150
- Türkisches Lauchgemüse in Olivenöl mit Reis und Möhren🌱 16
- Türkische Weißkohl Rouladen 58
- Weißer Bohnen Eintopf🌱 26
- Weißer Bohnensalat🌱 72
- Würstchen in Tomatensoße 104
- Würzig-zarte Hähnchenkoteletts im Ofen ... 56
- Yufkateig für Börek🌱 80
- Zigaretten-Börek ~ Gefüllte Teigröllchen🌱 ... 140
- Zucchinipuffer🌱 132

TÜRKISCHE NAMEN

- Adana kebap 166
- Antep ezmesi🌱 122
- Arnavut ciğeri 138
- Aşure🌱 36
- Ayran🌱 150
- Ayva tatlısı🌱 64
- Baba gannuş🌱 126
- Bademli kurabiye🌱 84
- Bahçıvan kurabiyesi🌱 86
- Buğdaylı ayran çorbası🌱 42
- Cacık 14
- Çay🌱 70
- Çerkez tavuğu 50
- Çoban Salatası🌱 98
- Çökelek salatası🌱 100
- Etli bamya 32
- Etli biber dolması 28
- Etli lahana sarması 58
- Etli nohut 22
- Etli yaprak sarması 188
- Ev usulü beyti kebap 60
- Fava🌱 46
- Fırında İzmir köfte 190
- Fırında tavuk pirzola 56
- Güllaç🌱 198
- Havuçlu yoğurt🌱 74
- Haydari🌱 124
- Hellim şiş🌱 154
- Humus🌱 130
- Hünkâr Beğendi 192
- İçli köfte 134
- İmam bayıldı🌱 180
- İrmik helvası🌱 62
- Kabak mücveri🌱 132
- Kabak tatlısı🌱 34
- Kadınbudu köfte 186
- Karnıyarık 54
- Kısır🌱 76
- Kıymalı ıspanak 25
- Köfte 164
- Künefe🌱 142
- Kuru fasulye🌱 26
- Laz böreği oder Paponi 194
- Mangalda mısır🌱 156
- Mangalda peynirli mantar🌱 158
- Mangalda pirzola 162
- Mangalda sucuk 168
- Mangalda tavuk şiş 160
- Menemen🌱 102
- Mercimek çorbası🌱 176
- Mercimekli köfte🌱 128
- Meyveli mercimek salatası🌱 152
- Muhallebili tel kadayıfı🌱 200
- Paçanga Böreği 182
- Patates Salatası🌱 12
- Pirinç pilavı🌱 20
- Piyaz🌱 72
- Poğaça🌱 108
- Rus salatası🌱 120
- Şakşuka🌱 118
- Salçalı sosis 104
- Şehriye pilavı🌱 52
- Şekerpare🌱 88
- Semizotu salatası🌱 178
- Seniha annenin elması🌱 170
- Sigara böreği🌱 140
- Simit🌱 78
- Sucuklu yumurta 106
- Tahin pekmez🌱 110
- Tarhana çorbası🌱 96
- Tavuklu pilav 184
- Tepsi böreği🌱 82
- Türk kahvesi🌱 144
- Yayla çorbası🌱 10
- Yoğurtlu Ispanak🌱 116
- Yoğurtlu Patlıcan Ezmesi🌱 44
- Yufka hamuru🌱 80
- Yufkalı kadayıf sarması🌱 90
- Zeytinyağlı kereviz🌱 48
- Zeytinyağlı pırasa🌱 16
- Zeytinyağlı taze fasulye🌱 18

🌱 = vegetarisch

Aile Sofrası
Die Familie zu Tisch

Obwohl es in der türkischen Grammatik keine Artikel und folglich keine Geschlechter gibt, ist für mich die Suppe im Türkischen eindeutig weiblich. Nachdem die Gerichte bei einer **aile sofrası** so langsam eingetrudelt sind, ist es vor allem der warme Ruf einer **mercimek çorbası**, der die Familienmitglieder zu Tisch lockt. Bei den abendlichen Treffen meiner Familie am **aile sofrası** klingt bis heute die Stimme meiner Mutter in meinen Ohren, die uns Kinder zum Essen einlädt. Obwohl es die Aufgabe von uns Kindern war, den Tisch zu decken, warteten wir auf die berühmten Worte meiner Mutter, die wie der Gongschlag aus einer bekannten TV-Pasta-Werbung, uns Kinder zu Tisch rief: "**Haydi çocuklar, sofra hazır!**"

Die Sitzordnung war immer die Gleiche. Mein Vater war ähnlich wie das Gericht **baba gannuş**, ein eher stiller Beobachter, der für Ruhe und Ordnung sorgte. Man „isst" zwar unter sich, trotzdem ist der türkische **Bay** Knigge auch hier zu Tisch. Es darf nicht geschmatzt werden, Brot darf nicht abgebissen werden, sondern ein entsprechendes Stück ist mit der Hand abzubrechen. Man hat einander ausreden zu lassen, während man sich den Tagesablauf erzählt. Das gemeinsame Speisen war und ist uns heilig. Auch wenn zuvor vielleicht Türen knallten und böse Worte fielen, am Tisch benimmt man sich und findet wieder zueinander. Lediglich die starre Rollenverteilung ist in der modernen türkischen Familie heute eine andere. Die Gerichte sind die Gleichen.

Schnell wird die Suppe verschlungen, damit es endlich mit der Hauptspeise weitergehen kann. Kuru fasulye mit Reis und Salat ist bis heute eines meiner Leibgerichte. Mein Vater bevorzugt zu **kuru fasulye** statt des Salats zwei geviertelte Zwiebeln,

die man mit etwas Zitrone, Salz und Chili oder **sumak** serviert. Natürlich darf das Brot dazu nicht fehlen.
Ev yemekleri - Richtig türkische Hausmannskost mit wenig Schnick Schnack, dafür aber schnell zubereitet und lecker.

Aile sofrası ist bodenständig, mit viel Liebe auf den Tisch gebracht und mit Sicherheit eines der gesündesten unter den Tafeln, da sie hauptsächlich aus Gemüsegerichten und Eintöpfen besteht. **Dolma** (gefüllte Paprika, Auberginen etc.), **taze fasulye** (grüne Bohnen), **kabak yemeği** (Zucchini Eintopf) und **yoğurtlu ıspanak** (Spinatgericht mit Joghurt), um nur einige zu nennen.

Bei uns gab es zum Schluss selten Süßes, sondern eher Früchte. Noch heute, ist es der beste Zeitpunkt eine große Melone aufzuschneiden, wenn alle beisammen sind. Die Melonenstücke werden von einer großen Servierplatte genommen. Ein Überbleibsel aus der osmanischen Zeit vor der Jahrhundertwende, wo man noch aus gemeinsamen Tellern gegessen hat.

Das Essen endete erst dann, wenn sich meine Mutter nach getaner Arbeit schmunzelnd schwungvoll in Richtung Sofa begab und dabei ihren berühmten Ausspruch los wurde: **„Biz yedik Allah artırsın, sofrayı kuran kaldırsın",** was sinngemäß soviel bedeutet wie: *„Wir haben gespeist, Gott soll's vermehren. Möge derjenige, der eindeckte, wieder alles zusammenkehren."*

Nilüfer Şahin

Rezepte in diesem Kapitel

Yayla çorbası 10
Patates Salatası 12
Cacık 14
Zeytinyağlı pırasa 16
Zeytinyağlı taze fasulye 18
Pirinç pilavı 20
Etli nohut 22
Kıymalı ıspanak 25
Kuru fasulye 26
Etli biber dolması 28
Etli bamya 32
Kabak tatlısı 34
Aşure 36

Rezepte die auch passen
Tarhana Suppe 96 ~ Zigaretten-Börek ~ Gefüllte Teigröllchen 140 ~ türkische Frikadellen 164 ~ Reis mit Hühnchen 184 ~ Leber Albanische Art 138 ~ Oma Seniha's gedeckter Apfelkuchen 170

Almsuppe

Yayla çorbası

[jajjla tschorbaßeh]

Yayla çorbası wurde schon in der Zeit des osmanischen Reichs sehr geschätzt. Diese Suppe stammt ursprünglich von den **yaylas** (den Hochebenen) auf denen die Bauernfamilien im Sommer mit ihren Herden leben. Die Zutaten Minze und Joghurt sind ein perfektes Duo, hier sind sie in einer Suppe vereint.

Zubereitung

1. Den Reis mit lauwarmem Wasser durchspülen und absieben. Reis in die Fleischbrühe geben und zugedeckt ca. 20 Minuten garen, bis er weich ist.

2. Joghurt, Ei und Mehl in einer separaten Schüssel gut verrühren. Ein Schöpflöffel heiße Brühe unterrühren, damit der Joghurt nicht gerinnt. Die Brühe mit Reis vom Herd nehmen, kurz abkühlen lassen und die Joghurt-Eier Mischung langsam einrühren. Suppe bei mittlerer Hitze unter ständigem Rühren 10 Minuten leicht köcheln lassen. Mit Salz und Pfeffer abschmecken.

3. Etwas Butter in einer kleinen Pfanne zerlassen und Minze dazugeben, leicht anrösten.

4. Bei Tisch auf jeden Teller etwas von der geschmolzenen Butter mit Minze geben. Mit frischem Fladenbrot und Zitronenscheiben heiß servieren.

Afiyet olsun!

Tipp: Zitronenscheiben werden zu annähernd jeder türkischen Suppe gereicht, fast so wie eine klassische Suppenwürze in der gutbürgerlich deutschen Küche. Der frische Spritzer Zitronensaft gibt den meisten Suppen noch das gewisse Etwas.

Almsuppe

AUFWAND
5' VORBEREITUNG
30' ZUBEREITUNG
4 PORTIONEN

Passt dazu...
...frisches Fladenbrot und Zitrone.

Zutaten

500 ml	Fleischbrühe
100 g	Reis, gewaschen und abgeseiht
1 EL	Mehl
1 St	Ei
200 g	Joghurt, 3,5%
1 TL	Salz
1 Prise	frisch gemahlener Pfeffer
80 g	Butter
1 TL	getrocknete Minze
1 Prise	Chiliflocken (**pul biber**), zum Garnieren

Türkischer Kartoffelsalat
Patates Salatası′
[patateß salataßeh]

Dieser Kartoffelsalat hat einen frischen und leichten Geschmack und liegt nicht so schwer im Magen wie Kartoffelsalat mit Mayonnaise. **Sumak** ist hier das besondere Gewürz.

Türkischer Kartoffelsalat

AUFWAND

15' VORBEREITUNG 20' ZUBEREITUNG

4 PORTIONEN

Passt dazu…
…gegrilltes Fleisch, Fisch oder Hühnchen.

Zutaten

6–7 St	festkochende mittelgroße Kartoffeln, gewürfelt
1 St	rote Zwiebel, in dünne Ringe geschnitten
2 St	rote Spitzpaprika, klein gewürfelt
4–5 St	Frühlingszwiebeln, in dünne Ringe geschnitten
½ Bund	glatte Petersilie, fein gehackt
¼ Bund	frische Minze, fein gehackt
1 Prise	Chiliflocken (**pul biber**)
½ TL	**Sumak**
5 EL	Natives Olivenöl Extra
1 St	Zitrone, frisch gepresst
2 EL	gehackte Walnüsse
10–12 St	schwarze Oliven zum Garnieren

Zubereitung

1. Kartoffeln ungeschält kochen bis sie durch sind, anschließend schälen und noch lauwarm in eine Schüssel würfeln.

2. Die Zwiebel in dünne Ringe schneiden und mit etwas Salz einreiben. Restliche Zutaten und Gewürze bis auf die Oliven hinzufügen und vorsichtig mischen.

3. Im Kühlschrank ca. 1–2 Stunden durchziehen lassen. Danach nochmal gründlich vermischen und mit Salz, Zitrone abschmecken.

4. Die Oliven auf dem Salat garnieren, eventuell ein paar Blätter der Petersilie. *Afiyet olsun!*

Cacık
Cacık'
[dschadschk]

Gurken-Joghurt-Salat
Cacık

AUFWAND
10' VORBEREITUNG
2 PORTIONEN

Passt dazu...
...deftiges, gut gewürztes **kebap**. Scharfe, frittierte und gekochte Speisen.

Zutaten

250 g	**süzme yoğurt** (10% Fettgehalt), auch bekannt als stichfester Joghurt oder Sahnejoghurt
10 EL	Milch
2 St	kleine Gurken (gibt es im türkischen Supermarkt), klein gewürfelt
1 St	Knoblauchzehe, fein gehackt oder gepresst
4-5 Stängel	frischer Dill, fein gehackt
½ TL	Salz
1 Prise	gemahlener Pfeffer
2 EL	Natives Olivenöl Extra
1 Prise	Chiliflocken (**pul biber**), zum Garnieren

Zubereitung

1. In eine Schale den **süzme yoğurt** und die Milch geben und mit dem Schneebesen verrühren.

2. Anschließend die klein geschnittenen Gurken, den gepressten Knoblauch und den fein gehackten Dill beimischen, mit Salz und Pfeffer abschmecken.

3. In ein schönes Schälchen geben. Mit Dill, **pul biber** (Chili) und ein wenig Olivenöl verzieren. Gekühlt aus dem Kühlschrank schmeckt es am besten. Dazu kann man frisches Pide (Fladenbrot) zum Dippen reichen.

Tipp: Schneiden Sie die Gurken klein, nicht reiben. Durch das Reiben verlieren die Gurken zu viel Flüßigkeit wodurch das **cacık** verwässert wird.

Afiyet olsun!

VIDEO http://goo.gl/QStAT

Türkisches Lauchgemüse in Olivenöl mit Reis und Möhren

Zeytinyağlı pırasa

[sejtinn yaaleh prassa]

Zubereitung

1. Die trockenen Enden der Lauchstangen abschneiden, die Karotten schälen und beides in ca. 3-4 cm breite Ringe schneiden.

2. In einem beschichteten Topf das Olivenöl erhitzen. Bei mittlerer Hitze darin die Zwiebeln, den Lauch und die Karotten leicht anbraten.

3. Das warme Wasser, den Zucker, das Salz und den frisch gepressten Zitronensaft hinzugeben und bei niedriger Temperatur mit geschlossenem Deckel ca. 20 min garen lassen. Anschließend den vorher gewaschenen Reis beimischen und weitergaren. Vom Herd nehmen und abkühlen lassen.

Afiyet olsun!

Tipp: Aus dem Kühlschrank kalt servieren. Vor dem Servieren mit einigen Tropfen frisch gepresstem Zitronensaft beträufeln.

Lauchgemüse
in Olivenöl

AUFWAND: ŭŭŭ
VORBEREITUNG: 20'
ZUBEREITUNG: 30'
PORTIONEN: 6

Dazu passt...
Joghurt, frisches Brot und eine Hauptspeise mit Hähnchen oder Fleisch.

Zutaten

1 kg	Lauchstangen, geschnitten
3 St	Karotten, geschnitten
100 ml	Natives Olivenöl Extra
3 St	Zwiebeln, klein gewürfelt
3 EL	Reis, gewaschen und abgeseiht
1 TL	Salz
2 TL	Zucker
100 ml	warmes Wasser
½ St	Zitrone, frisch gepresst

Ein typisches Familiengericht. Es hält sich über ein paar Tage im Kühlschrank und kann kalt zum Mittag-, Abendessen oder als Tischbeilage serviert werden.

Grüne Bohnen in Olivenöl
Zeytinyağlı taze fasulye

[sejtinnjahleh taase faßullje]

Wenn man frische grüne Bohnen und aromatische Tomaten zur Hand hat, kann man im Handumdrehen diese leckere Speise auf den Tisch zaubern. Richtig frische Bohnen sind sehr knackig und brechen, wenn man sie biegt. Die entstandene Bruchstelle sollte ebenfalls grün und saftig sein. Zeytinyağlı taze fasulye gibt es bei uns immer im Sommer, wenn Mama (Autor: Orhan) vom Markt mit ganz vielen Tüten nach Hause heimkehrt. Einmal gekocht, kann man es warm oder kalt als Beilage mehrere Tage lang genießen. Meist schmeckt es kalt ab dem nächsten Tag noch besser, weil das Gemüse dann richtig durchgezogen ist.

Tipp: Falls keine Bohnensaison ist, kann man auch Tiefkühlgemüse nehmen. Dabei kann man sie leicht angetraut verarbeiten.

Grüne Bohnen
in Olivenöl

AUFWAND: ☺☺☺
VORBEREITUNG: 10'
ZUBEREITUNG: 40
PORTIONEN: 6

Passt dazu...
...eine Hauptspeise mit Fleisch und cacık.

Zubereitung

1. Die Bohnen waschen, einfach auf beiden Seiten die Enden abschneiden und ggf. die an der Bohne entlang laufenden Fäden entfernen, in 4-5 cm lange Stücke schneiden.

2. In einem Topf die Zwiebeln mit etwas Olivenöl und Zucker anbraten bis sie glasig sind. Anschließend die Tomaten, das salça und die grünen Bohnen zugeben. Bei starker Hitze etwa 10 Minuten mit geschlossenem Deckel kochen, bis die Bohnen ihre Farbe verändern, zwischendurch umrühren. Wasser hinzufügen, Herd auf leichte Hitze runterstellen und bei geschlossenem Deckel weitere 20-25 min kochen bis die Bohnen durch sind.

3. Topf beiseite stellen und abkühlen lassen. Erst danach umfüllen und in den Kühlschrank stellen. Kurz vor dem Servieren nochmal einige Tropfen kaltgepresstes Olivenöl darübergießen.

Afiyet olsun!

Zutaten

500 g	frische grüne Bohnen (Stangenbohnen oder Prinzessbohnen)
1 St	mittelgroße Zwiebel, kein gewürfelt
4 St	mittelgroße Tomaten, gehäutet und gewürfelt
1 EL	**salça** (eine Mischung aus Paprika- und Tomatenmark)
1 TL	Zucker
150 g	frisch gekochtes Wasser
1 Prise	Salz
5 EL	Natives Olivenöl Extra

Klassischer Reis Pilav

Pirinç pilavı
[pirinntsch pilaweh]

*Ab dem 15. Jahrhundert war **pirinç pilavı** am Tisch des Sultans eine beliebte Speise. Nicht nur pur, sondern in verschiedensten Varianten mit Zusätzen wie Tomaten, Mandeln, Pinienkerne, Korinthen, Erbsen, Auberginen oder kleinen Fleischstückchen. Allerdings enstanden diese neuen Gerichte hauptsächlich in den osmanischen Großküchen der Paläste. Für das normale Volk hingegen war Reis bis zum 18. Jahrhundert ein seltenes Vergnügen, dem man nur in reichen Häusern begegnete. Inzwischen ist pilav ein Grundnahrungsmittel. Man sagt besonders geschickte türkische Hausfrauen können den Reis **pilav** auf fast 30 verschiedenen Arten zubereiten. Es wäre nicht genug Platz da, um alle Varianten aufzuzählen. Ein **pilav** kann auch mit **bulgur** (eine Art Weizengrütze), **erişte** und **şehriye** (Suppennudeln) hergestellt werden.*

Klassischer Reis
Pilav

Passt dazu...
Weißer Bohnen Eintopf >s26
oder geschmortes Lammfleisch
mit Kichererbsen >s22

Zutaten

100 g		Butter
1	Handvoll	Suppennudeln (im türkischen Supermarkt **şehriye**)
1	Glas	Reis, gewaschen und abgesieht
2	Glas	Wasser oder Hühnerbrühe
1	TL	Salz
½	TL	frisch gemahlener Pfeffer

Zubereitung

1. Butter und Suppennudeln in einem beschichteten, flachen Topf anschwitzen bis die Suppennudeln eine gleichmäßige goldbraune Farbe annehmen. So entfaltet sich das typisch butterige Aroma.

2. Reis hinzugeben und nochmals 2-3 Minuten anschwitzen bevor das Wasser eingegossen wird. Mit Salz und Pfeffer würzen und kurz umrühren. Einmal kurz aufkochen lassen und auf niedriger Temperatur mit geschlossenem Deckel ca. 15 Minuten ziehen lassen. Nicht mehr umrühren.

3. Wenn der Reis durch ist kann man nach belieben noch einige Butterflocken hinzufügen. Das macht den Reis noch etwas geschmeidiger. Küchenkrepp zwischen Topf und Deckel klemmen, das zieht die Restfeuchte aus dem Topf und 10 Minuten vor dem Servieren ruhen lassen.

Afiyet olsun!

Tipp: Wer mag kann Pinienkerne in einer Pfanne leicht anrösten und über den Reis geben. Außerdem verleiht es dem Reis einen tollen Geschmack, wenn man frische Hühnerbrühe statt Wasser verwendet.

Geschmortes Lammfleisch mit Kichererbsen

Etli nohut
[ettlii nohutt]

Kichererbsen sind eine wichtiger Bestandteil der türkischen Küche und werden besonders im Winter für diverse Speisen verwendet. Besonders gut harmonieren sie in Eintöpfen, Salaten und zu Lammfleisch. Zu kräftigen Gewürzen, wie Knoblauch, Kreuzkümmel und frischen Kräutern, passen sie wegen ihres relativ milden Eigengeschmacks hervorragend.

Geschmortes Lammfleisch wird hier gewürfelt verwendet. Zu klein gewürfeltem Fleisch sagt man beim Türken auch **kuşbaşı et** was soviel bedeutet wie „In Vogelkopf-Größe".

Zubereitung

1. Ein Abend zuvor die Kichererbsen in reichlich lauwarmem Wasser einweichen und am nächsten Tag mit frischem kaltem Wasser und etwas Kreuzkümmel für ca. 25–30 Minuten noch bissfest Kochen. Abseihen, kalt abspülen und beiseite stellen.

2. Das Rapsöl in einem Edelstahltopf erhitzen, das Lammfleisch bei starker Hitze und mit geschlossenem Deckel anbraten, ab und zu umrühren bis der

Geschmortes Lammfleisch mit Kichererbsen

AUFWAND

10' VORBEREITUNG   75' ZUBEREITUNG

6 PORTIONEN

Passt dazu...
...ein **pirinç pilavı** >s.20 oder **bulgur pilavı** und Hirtensalat

Zutaten

300 g	Lammfleisch aus der Keule, 2 cm groß gewürfelt (kuşbaşı)
300 g	getrocknete Kichererbsen, über Nacht eingeweicht
¼ TL	gemahlener Kreuzkümmel (Cumin)
3 EL	Rapsöl
2 St	Zwiebeln, gewürfelt
2 St	grüne Spitzpaprika, gewürfelt
2 St	Tomaten, gehäutet und grob gewürfelt
1 EL	salça (eine Mischung aus Paprika- und Tomatenmark)
300 ml	Wasser
1 TL	Paprikapulver, edelsüß
1 TL	Salz
1 Prise	frisch gemahlener Pfeffer

Fleischsaft wieder verdampft ist. Zwiebeln und darauf folgend grüne Spitzpaprika hinzufügen, anbraten bis sie glasig werden. Die Tomaten, das salça, die Kichererbsen und anschließend Wasser in den Topf geben. Umrühren, Deckel schließen und weitere 60 Minuten bei mittlerer, leichter Hitze kochen bis alles durch ist (das Fleisch muss förmlich zerfallen). Kurz vor Ende mit Salz, Paprikapulver und Pfeffer abschmecken und warm servieren.

Tipp: Statt getrockneten Kichererbsen kann man auch vorgekochte aus der Dose verwenden. Kichererbsen abgießen, kalt abspülen und abtropfen lassen. Ca. 10 Minuten vor Ende der Garzeit in den Topf geben.

Afiyet olsun!

VIDEO http://bit.ly/KDT_etli_nohut_video

HAUPTSPEISE/ANA YEMEK

Spinat mit Hackfleisch und Joghurt

Kıymalı ıspanak

[kijmaleh espanack]

Kıymalı ıspanak ist ein typisches Sommer- und Frühlingsgericht, das ziemlich einfach und schnell zuzubereiten ist. Als Hauptspeise serviert, bekommt es seine besondere Note durch den Joghurt, mit dem es serviert wird. Es kann auch mit Gartenportulak (**semizotu**) zubereitet werden. In manchen Gebieten wird der Reis mit Weizen oder Kichererbsen ersetzt.

Spinat mit Hackfleisch und Joghurt

AUFWAND: ♨♨♨
VORBEREITUNG: 5'
ZUBEREITUNG: 30'
4

750 g	frischer Spinat, grob gehackt
3 EL	Natives Olivenöl Extra
2 St	mittelgr. Zwiebeln, klein gewürfelt
200 g	gemischtes Hackfleisch (Rind und Lamm)
1 EL	**salça** (eine Mischung aus Paprika-, und Tomatenmark)
75 g	Reis, gewaschen und abgeseiht
500 ml	Wasser
½ TL	Salz
1 Prise	frisch gemahlener Pfeffer
1 Prise	Chiliflocken (**pul biber**)
	süzme yoğurt (10% Fettgehalt, auch bekannt als stichfester Joghurt oder Sahnejoghurt), als Beilage

Zubereitung

1. Den frischen Spinat mit viel Wasser waschen, putzen, grob hacken und im Sieb stehen lassen.

2. Im Topf das Olivenöl erhitzen und die gewürfelte Zwiebel leicht rosa anbraten. Das Hackfleisch hinzufügen und anbraten. **Salça** und Reis dazu geben, mit 500 ml Wasser aufgiessen. Wenn der Reis anfängt weich zu werden, den Spinat auf die Reis-Hackfleischmischung geben und zugedeckt zusammenfallen lassen. Anschließend kann man ihn einfach unter den Reis rühren. Wieder zudecken und fertig garen lassen. Je nach Geschmack mit Salz, Pfeffer und Chiliflocken würzen und heiß mit stichfestem Joghurt als Beilage servieren.

Afiyet olsun!

Weißer Bohnen Eintopf

Kuru fasulye
[kurru faßulje]

Man kann ruhigen Gewissens behaupten, dass es das türkische Nationalgericht ist!

Kuru fasulye mit **pilav** wurde früher als Wintergericht aufgetischt. Da die Bohnen sehr nahrhaft sind und auch als eine Art Fleischersatz dienen, wurden sie in Dörfern auch als Energiespender gegessen. In der kalten Jahreszeit haben diese die Abwehrkräfte gestärkt und auch gut gesättigt.

VIDEO http://goo.gl/jc2lb

Weißer Bohnen Eintopf

Passt dazu...
pastırma oder **sucuk**, nach Belieben.

AUFWAND
15' VORBEREITUNG
45 ZUBEREITUNG
6 PORTIONEN

Zutaten

500 g	getrocknete weiße Bohnen, über Nacht eingeweicht
1 St	große Gemüsezwiebel, klein gewürfelt
150 g	Butter
1 St	Knoblauchzehe, grob gewürfelt
3 St	grüne Spitzpaprika (auf Wunsch darf auch gerne eine scharfe Peperoni dabei sein), grob gewürfelt
3 St	Tomaten, gehäutet und gewürfelt
1 EL	**salça** (eine Mischung aus Paprika- und Tomatenmark)
200 ml	passierte Tomaten aus der Dose
	frisch kochendes Wasser, nach Bedarf
1 St	Brühwürfel, nach Belieben
¼ TL	Chiliflocken (**pul biber**)
1 TL	Salz
½ TL	frisch gemahlener Pfeffer

Zubereitung

1. Am Vorabend die getrockneten weißen Bohnen in reichlich lauwarmem Wasser einweichen und am nächsten Tag mit frischem kaltem Wasser für ca. 45 Minuten noch bissfest kochen. Abseihen, kalt abspülen und beiseite stellen.

2. Butter in einem Topf erhitzen, Zwiebeln, Knoblauch darauf folgend grüne Spitzpaprika hinzufügen, anbraten bis sie glasig werden. Gewürfelte Tomaten dazugeben weitere 2-3 Minuten kochen lassen. **salça** und die passierten Tomaten unterrühren.

3. Dann die Bohnen dazugeben, mit kochendem Wasser auffüllen, so dass die Bohnen zwei Finger breit bedeckt sind (evtl. einen Brühwürfel). Ca. 30 Mintuen auf leichter, mittlerer Hitze köcheln lassen bis die Bohnen durch sind. Mit Chiliflocken, Salz und Pfeffer abschmecken. Warm mit **pirinç pilavı** und **pastırma** servieren.

Tipp: Kuru fasulye kann man auch mit **sucuk** servieren, dazu die gewürfelten Sucukstückchen 10 Minuten vor Ende der Garzeit in den Eintopf geben.

Gefüllte Paprika mit Hackfleisch

Etli biber dolması
[ettlii biberr dolmaßeh]

Gefüllte Paprika
mit Hackfleisch

Passt dazu...
grüne Salate oder Beilagen mit Joghurt und Gemüse.

AUFWAND
30' VORBEREITUNG
30' ZUBEREITUNG
6 PORTIONEN

Etli biber dolması ist ein Standard-Rezept, das in der türkischen Küche gerade im privaten Haushalt nie fehlen darf. **Dolma** bedeutet sinngemäß gefüllt und kann sich auf viele verschiedene Sorten von Gemüse beziehen, die mit Fleisch (warm) oder einer vegetarischen Reismischung (kalt) gefüllt werden. Hier die Variante mit Hackfleisch, desweiteren gibt es noch **zeytinyağlı biber dolması** (gefüllte Paprika in Olivenöl), das kalt serviert wird.

Zutaten

8–10 St	kleine grüne Paprika (im türkischen Supermarkt)
300 g	Hackfleisch vom Rind
2 St	kleine Zwiebeln, fein gewürfelt oder gerieben
250 ml	passierte Tomaten
1 St	Knoblauchzehe, fein gewürfelt
50 g	Rundkornreis, gewaschen und abgeseiht
1–2 EL	**salça** (eine Mischung aus Paprika-, und Tomatenmark)
2 St	mittelgroße Tomaten, Tomatenschale abschneiden und das Fruchtfleisch reiben
1 Bund	glatte Petersilie, gehackt
80 g	weiche Butter
1 TL	Salz
1 TL	gemahlener Pfeffer
1 TL	getrocknete Minze
½ TL	Chiliflocken (pul biber)
½ Glas	Wasser
etwas	**süzme yoğurt** (10% Fettgehalt), auch bekannt als stichfester Joghurt oder Sahnejoghurt, zum Garnieren

Zubereitung

1. Vor der Zubereitung erstmal alle Paprikas aufrecht in den Topf einsortieren, um zu sehen ob alles hineinpasst. Die grünen Paprika unter kaltem Wasser spülen. Vorsichtig den Deckel der Paprika (ca. 2-3 cm neben dem Stängel) mit einem Messer oder durch Eindrücken herauslösen. Das Innere entkernen. Geht behutsam mit

VIDEO http://goo.gl/YDnFB

ihnen um, denn sie sollten nicht an den Rändern aufreißen. Nun zur Seite legen und die Füllung vorbereiten.

2. In eine Schale die geriebenen Zwiebeln, das Hackfleisch, den gepressten Knoblauch, den Rundkornreis, den man vorher waschen sollte, das salça, die weiche Butter und etwa die Hälfte der passierten Tomaten geben. Die Gewürze Salz, Pfeffer, getrocknete Minze, getrocknete Chiliflocken (pul biber) und die gehackte Petersilie hinzufügen. Zunächst die Schale der Tomaten etwa im Durchmesser der Paprika-Öffnung schneiden (nicht zu dünn) und zu Seite legen. Anschließend die geschälten Tomaten in die Füllung reiben und gut durchmischen.

3. Vorher etwas Butter in den Topf geben. Dann die zubereitete Füllung mit Hilfe eines Löffels vorsichtig in die Paprikaschoten einfüllen. Nicht ganz voll machen. Die gefüllten Paprika werden dann mit den dicken Tomatenschalen abgedeckt und verschlossen. So werden alle weiteren Paprikaschoten zubereitet bis der Topf voll ist. Anschießend noch ein halbes Glas Wasser und den Rest der passierten Tomaten über die Paprikaschoten geben.

4. Mit einem Teller, der etwas kleiner als der Durchmesser des Topfes ist, werden die gefüllten Paprikas abgedeckt. Nur so bleibt während des Kochens alles da, wo es bleiben muss.

5. Kurz ankochen und dann bei leichter bis mittlerer Hitze unter ständiger Kontrolle ca. 30 Minuten vor sich her köcheln lassen. Einige Male den Deckel bzw. Teller anheben und kontrollieren, ob noch genug Wasser vorhanden ist. Wenn der Reis in der Paprikafüllung durch ist bzw. die Paprika eine leicht gelbliche Färbung annehmen, ist es fertig!

6. Beim Anrichten auf dem Teller kann man etwas von der Flüssigkeit im Topf über die geöffnete Paprika geben, bzw. mit Joghurt, Petersilie und Chiliflocken garnieren.

Afiyet olsun!

Ein äußerst beliebtes Schmorgericht bzw. ein orientalischer Klassiker ist **etli bamya** mit zartem Lammfleisch in Tomatensauce. Jede Familie hat ihr ureigenes Rezept für diesen unvergleichlichen Genuss. Okraschoten (in der Türkei als **bamya** bekannt) sind in Deutschland noch recht unbekannt, obwohl es eine der ältesten Gemüsepflanzen ist. Bei türkischen Lebensmittelhändlern findet man neben den in Dosen und Gläsern abgefüllten gekochten Schoten auch frische an der Gemüsetheke.

Beim Kochen geben Okras eine schleimige Substanz ab, die sich zum Eindicken von Speisen eignet. Hat man kein Interesse daran oder möchte man sogar auf die schleimige Substanz verzichten, kann man entweder die Okras fünf Minuten in Essigwasser blanchieren (vorher Spitze kappen und Stielansatz entfernen) und danach mit kaltem Wasser abschrecken oder die Okras vor der Verarbeitung 1–2 Stunden ganz in kaltem Zitronenwasser wässern.

Etli bamya

Geschmortes Lammfleisch mit Okraschoten

[ettlii bammjaa]

Geschmortes Lammfleisch mit Okraschoten

AUFWAND: ŰŰŰ
VORBEREITUNG: 20'
ZUBEREITUNG: 50
PORTIONEN: 4

Dazu passt...
...ein klassisches **Pilav** und eine Beilage mit Joghurt.

Zutaten

350 g	Lammfleisch (Gulasch), gewürfelt
500 g	frische **bamya** (Okras)
3 EL	Sonnenblumenöl
3 St	Fleischtomaten, gehäutet und klein gewürfelt
1 St	große Zwiebel, klein gewürfelt
2 St	Knoblauchzehen, klein gewürfelt
1 TL	**salça** (eine Mischung aus Paprika- und Tomatenmark)
½ St	Zitrone, frisch gepresst
750 ml	Wasser
	Salz

Zubereitung

1. Okras vor der Verarbeitung 1–2 Stunden in kaltem Zitronenwasser wässern.

2. Die Stielenden der Okras spitz zulaufend abschälen, um die Frucht nicht zu verletzen (ein gerader Schnitt hätte das Auslaufen der Frucht zur Folge).

3. Sonnenblumenöl in einer Pfanne stark erhitzen und das in Würfel geschnittene Fleisch kurz von allen Seiten anbraten. Zwiebeln, Knoblauchzehen und **salça** dazugeben und mitbraten, bis sie glasig sind.

4. Tomatenstücke, Zitronensaft und Wasser zufügen und mit Salz abschmecken. Alles vorsichtig mischen und 20 Minuten kochen lassen. Anschließend die Okras in den Topf geben und abermals ca. 20 Minuten ohne Umrühren bei leichter bis mittlerer Hitze köcheln lassen. Noch warm mit Zitronenspalten und etwas Petersilie garniert servieren.

Afiyet olsun!

Tipp: Dieses Rezept kann man ersatzweise in einem Schmortopf mit Deckel zubereiten, man sollte allerdings mehr Zeit einplanen.

Süßer Kürbis mit Kaymak

Kabak tatlısı́
[kaback tattlseh]

Kabak tatlısı ist eine süße Verführung die in den dunklen Wintermonaten für uns ein Stern am Nachtisch-Himmel war und ist. Vorallem mit **kaymak** *(das ist eine Art Rahm, den es an der Kühltheke türkischer Supermärkte gibt) und gehackten Walnüssen ist es eine Verbindung par excellence.*

Wenn man kein **kaymak** *findet, bietet sich Mascarpone als Alternative an.*

Börek *mit Kürbisfüllung ist ein weiteres sehr leckeres Kürbisgericht.*

Süßer Kürbis
mit Kaymak

Dazu passt...
tahin (Sesampaste), auf Wunsch zum Anrichten.

Zutaten

600 g	Muskatkürbis (**bal kabağı** im türk. Supermarkt), geschält und in Stücke geschnitten
300 g	Zucker
1 Streifen	unbehandelte Orangenschale, dünn abgeschält
1 Schuss	Orangensaft oder Zitronensaft
Zum Garnieren:	
200 g	Walnüsse, grob gehackt
100 g	**kaymak** (wahlweise geht auch Mascarpone)

Zubereitung

1. Den Kürbis vierteln, wattige Innenteile und Kerne entfernen. Die Viertel schälen und quer in 3 cm breite Streifen schneiden. Die Stücke nebeneinander in einen flachen, beschichteten Topf legen und mit dem Zucker bestreuen. Zugedeckt über Nacht Saft ziehen lassen.

2. Die Orangenschale zugeben und den Kürbis aufkochen. Einen Schuss Orangen-, oder Zitronensaft hinzugeben. Bei schwacher Hitze etwa 45 - 60 Minuten weich kochen, bis die Flüssigkeit aufgesogen und die Kürbisstücke weich sind. Im Topf erkalten lassen.

3. Die Kürbisstücke abtropfen lassen, auf einem Servierteller jedes Stück mit gehackten Walnüssen und mit einen Klacks **kaymak** anrichten.

Afiyet olsun!

Tipp: Wer möchte, kann auch noch einige Spritzer Sesampaste (**tahin**) auf die fertigen Kürbistücke geben, bevor die grob gehackten Walnüsse drübergestreut werden. Schmeckt einfach wundervoll!

VIDEO http://goo.gl/4I1A1

Noahs Süßspeise

Aşure´
[aschureh]

Aşure ist eine im Mittleren Osten verbreitete Süßspeise, die aus mindestens 7 Zutaten besteht. Es wird nach der Islamischen Zeitrechnung am 10. Tag des islamischen Monats Daî (im türkischen Muharrem) zubereitet und an mindestens sieben Nachbarn und Freunde verteilt. Nach islamischem Glauben geht dieser Brauch zurück auf Noah, von dem man glaubt, dass er, nachdem die große Sintflut vorüber war und er wieder festen Boden unter den Füßen hatte, mit den letzten Resten seiner Vorräte ebendiese Süßspeise zum ersten Mal zubereitet hat.

Zubereitung

1. Den geschälten Weizen, Kichererbsen und weiße Bohnen eine Nacht lang in Wasser einweichen. Am nächsten Tag alles in einen hohen Topf mit dickem Boden geben, mit frischem Wasser bedecken und 30 Minuten lang weich kochen. Anschließend ein paar Stündchen im Wasser ruhen lassen.
In der Zwischenzeit die grob gewürfelten Aprikosen, Feigen und Rosinen in Wasser einweichen.

2. Den Topf bei mittlerer Hitze auf den Herd stellen. Jetzt kommen die restlichen Zutaten nach und nach dazu. Reis, Zucker, die Orangenschale. Die Speisestärke vorher mit etwas Wassser glattrühren und dann in den Topf geben, damit keine Klümpchen entstehen. Zwischendurch immer gut umrühren.
Nach ca. 30 Minuten kommen die eingeweichten Trockenfrüchte hinzu.

3. Nachdem alles vermischt ist eine Tasse Milch für die vollere Konsistenz dazu geben. Fleißig umrühren und bei Bedarf etwas kochendes Wasser nachgießen, damit das **Aşure** nicht anbrennt. Noch ca. 60 Minuten leicht köcheln lassen.

4. Nachdem es leicht abgekühlt ist in kleine Dessertschalen (ca. 12 kleine Schalen) umfüllen und kalt stellen, die flüssige Masse dickt noch nach. Die Dekoration ist wichtiger Bestandteil des **Aşure**. Es soll nicht nur schmecken sondern auch gut aussehen. Nach belieben Walnüsse, Mandeln, Pistazien und Granatapfelkerne über die Portionen streuen und mit Zimt verfeinern. Nicht vergessen Nachbarn und Freunde daran teilhaben zu lassen.

Afiyet olsun!

Noahs Süßspeise

Passt dazu...
...ein türkischer Mokka >s144

Zutaten

360 g	geschälter Weizen (auf türkisch **aşurelik buğday**)
160 g	getrocknete Kichererbsen, über Nacht eingeweicht
160 g	getrocknete weiße Bohnen, über Nacht eingeweicht
80 g	Reis, gewaschen und abgeseiht
2 EL	feine Speisestärke, in etwas Wasser aufgelöst
300 g	Zucker
1 St	Orangeschale, fein geraspelt
80 g	Rosinen
10 St	getrocknete Feigen, grob gewürfelt
15 St	getrocknete Aprikosen, grob gewürfelt
100 ml	Milch

Zum Verzieren
Pistazien, grob gehackt
Walnüsse, grob gehackt
Mandeln, gehobelt
Granatapfelkerne, Pinienkerne
Zimt

Tipp: Alle Zutaten können übrigens nach belieben dosiert werden. Jeder mag sein **Aşure** anders. Manche geben auch Rosenwasser, Pekmez oder Pflaumen dazu. Manche lassen die Milch weg. Ist halt Geschmackssache.

VIDEO http://goo.gl/4I1A1

Misafir Sofrası
Gäste empfangen

Mein Lieblingssprichwort aus der Türkei in Bezug auf **misafir**, also dem Gast, ist folgender: **Misafir umduğunu değil, bulduğunu yer**. Es bedeutet: *Der Gast isst nicht das, was er sich erhofft, sondern das, was er vorfindet*. Und das ist übrigens dann doch in der Regel etwas Besonderes, denn die westliche Assoziation von Gastfreundschaft und Türken ist weitestgehend richtig, besonders in Form von leckeren Gerichten die dem Gast serviert werden.

Gegenseitige Besuche befreundeter Familien gehören zu meinem und zu dem Lebensgefühl meiner Familie, wie die Brücken über den Bosporus zu Istanbul. Es hört aber nicht bei Freunden und Bekannten auf, es wird auch für den fremden Gast gerne und lecker aufgetischt.

Ich erinnere mich noch sehr gut an den spontanen Besuch unserer deutschen Nachbarn damals in den Achtziger Jahren im Heimatort meiner Eltern in der Türkei. Wir waren mit der ganzen Familie im Sommerurlaub dort und Doris und Michael nebst einigen Freunden – allesamt Studenten und auf Balkan-Tour – standen eines Morgens mit ihrem VW-Bus vor unserer Tür. Die Freude war groß und der Hunger der Weitgereisten wahrscheinlich noch größer.

Was folgte, war typisch **misafir sofrası**. Es wurde gebraten, gekocht und gebacken und in Windeseile hatte meine Verwandtschaft – keiner kannte die Gäste persönlich und unsere Übersetzungen waren der einzige Kommunikationskanal – einen Streifzug durch die regionale Küche auf die Tafel gezaubert und alle erfreuten sich an den großen Augen und dem Interesse der Gäste.

Uns Türken liegt viel daran, dass sich der Gast wohlfühlt. Dafür wächst der Gastgeber schon mal über sich hinaus und tut alles Erdenkliche hierfür. Ausgiebige Vorbereitungen von besonders komplizierten und nicht alltäglichen Gerichte inklusive. Die kocht man gerne, um dem Gast eine Freude zu machen und Highlights zu bieten. Somit spielt das Essen eine fundamentale Rolle in der Bewertung, ob ein Besuch angenehm war oder nicht.

Speziell die Besuche an Wochenenden zwischen befreundeten Familien können sich locker vom Nachmittag bis spät in die Nacht ausdehnen.

Neben dem gemeinsamen Essen, sind Unterhaltungen über Gott und die Welt und der Genuss von schwarzem Tee, Mokka und Süßspeisen elementare Bestandteile so eines gemeinsamen Tages. Unter Umständen bleibt es nicht bei einem Tag, denn ein gut sortierter türkischer Haushalt – unserer übrigens auch – verfügt über genug Matratzen und Bettwäsche für eine spontane Übernachtung der besuchenden Familie. Übrigens besonders praktisch, wenn die Rückfahrt unendlich lang erscheint und die Kinder eventuell schon unter dem Couchtisch eingeschlafen sind.

Bize de bekleriz, heißt es dann beim Abschied. In etwa: *Das nächste Mal bei uns*, wenn man es frei übersetzt. Dann geht die Prozedur von vorne los und die nächste Tafel wird gewissenhaft vorbereitet.

Yusuf Şahin

Rezepte in diesem Kapitel

Buğdaylı ayran çorbası **42**

Karnıyarık **54**

Yoğurtlu Patlıcan Ezmesi **44**

Fırında tavuk pirzola **56**

Fava **46**

Etli lahana sarması **58**

Zeytinyağlı kereviz **48**

Ev usulü beyti kebap **60**

Çerkez tavuğu **50**

İrmik helvası **62**

Şehriye pilavı **52**

Ayva tatlısı **64**

Rezepte die auch passen

Klassischer Reis Pilav **20** ~ Rote Linsensuppe **176** ~ Auberginensalat **126** 41 ~ Gefüllte Paprika mit Hackfleisch **28** ~ Frauenschenkel Frikadellen **186** ~ Engelshaar mit süßer Milchcreme-Füllung **200**

Oma Hanife's kalte Joghurtsuppe mit Weizen

Buğdaylı ayran çorbası′

(Hanife Annenin Ayran Çorbası)

[buhdajleh ajrann tschorbasseh]

Zubereitung

1. Einen Abend zuvor den geschälten Weizen in Wasser einweichen. Kurz vor dem Zubereiten das Wasser abseihen und durchspülen.

2. Geschälten Weizen mit ca. 750 ml frischem Wasser auf den Herd stellen. Auf kleiner Flamme etwa 25 Minuten köcheln lassen bis der Weizen leicht aufgequollen und bissfest ist. Leicht abkühlen lassen.

Afiyet olsun!

Tipp: Man kann diese Suppe auch mit **„terbiye"** zubereiten. Die Suppe wird dadurch gebunden noch etwas cremiger von der Konsistenz. Dazu etwas Suppenflüssigkeit vom geschälten Weizen mit einem Eßlöffel feiner Speisestärke glatt rühren, ein Eigelb beimischen, unterrühren und in die Schüssel mit dem Joghurt geben. Wie oben Punkt 3 beschrieben weiter Verfahren.

3. In einer anderen Schüssel den Joghurt mit dem Schneebesen kräftig rühren und mit einigen Kellen der Suppenflüssigkeit verrühren. Die Mischung zurück in den Topf gießen und dabei rühren.

4. Unterdessen in einer kleinen Pfanne Olivenöl erhitzen, die klein gewürfelten Zwiebeln anbraten bis sie eine rosige Farbe annehmen. Das **salça**, die getrocknete Minze und **kekik** hinzufügen und vom Herd nehmen. Die Olivenöl-Zwiebel-Mischung vorsichtig in die Suppe rühren und nach belieben salzen. Nochmals ca. 5 Minuten leicht köcheln lassen (nicht zu heiß, sonst gerinnt der Joghurt) und erst dann vom Herd nehmen.

5. Am besten serviert man sie warm direkt nach der Zubereitung oder kalt mit einer Prise getrocknete Minze oder geriebener Zitronenschale und warmem Fladenbrot.

Großmutters kalte Joghurtsuppe mit Weizen

AUFWAND

10' VORBEREITUNG   45 ZUBEREITUNG

6 PORTIONEN

Dazu passt...
frisches Fladenbrot.

Diese Bauernsuppe aus Anatolien mit ihrem delikaten Minzaroma schmeckt hervorragend. Vor allem im Sommer ist sie sehr beliebt, weil man sie eiskalt aus dem Kühlschrank genießen kann. Sie hat einen frischen Joghurt-Geschmack den ich aus meiner Kindheit nicht wegdenken kann, meine Großmutter hat sie immer zubereitet.

Zutaten

200 g	geschälter Weizen (**aşurelik buğday** oder alternativ Graupen), eine Nacht eingeweicht
ca. 750 ml	Wasser
500 g	Joghurt, 3,5%
4 EL	Natives Olivenöl Extra
1 St	große Zwiebel, fein gewürfelt oder gerieben
1 EL	**salça** (eine Mischung aus Paprika-, und Tomatenmark)
½ EL	getrocknete Minze
½ EL	**kekik** (Thymian-Oregano Mischung)
1 TL	Salz

Auberginenpaste mit Joghurt

Yoğurtlu Patlıcan Ezmesi
[jourtlu pattlicann esmeßi]

Es gibt in der türkischen Küche nahezu kaum ein Gemüse, was nicht mit Joghurt verfeinert wird. Der säuerliche Geschmack von Joghurt in Kombination mit gegrillten Auberginen und Knoblauch schmeckt leicht und frisch. Außerdem ist **yoğurtlu patlıcan ezmesi** sehr einfach zuzubereiten und immer gern gesehen auf einem **meze**-Tisch oder einem deftig-scharfen Fleischgericht.

Tipp: Wer den Aufwand nicht scheut, sollte die Auberginen einfach grillen statt sie im Backofen zu garen. Gegrillt schmecken die Auberginen noch besser.

Auberginenpaste mit Joghurt

AUFWAND
10' VORBEREITUNG
60 ZUBEREITUNG
6 PORTIONEN

Passt dazu
...frisches Fladenbrot zum Dippen.

Zutaten

2 St		Auberginen
2 St		Knoblauchzehen
1 St		Zitrone, frisch gepresst
4 EL		natives Olivenöl extra
100 g		Walnüsse
300 ml		Joghurt, 3,5%

Zubereitung

1. Die Auberginen mit einer Gabel mehrmals einstechen und im Ofen bei 180 °C für eine Stunde backen. Sobald die Auberginen weich sind, enthäuten und in grobe Stücke schneiden.

2. Die Auberginenstücke zusammen mit Knoblauch, Walnüssen, Zitronensaft und Olivenöl in einem Küchenmixer pürieren. Mit Salz und Pfeffer abschmecken und zugedeckt für etwa 30 Minuten in den Kühlschrank stellen.

3. Danach mit Joghurt vermischen und nach Belieben mit Paprikaringen und Oliven garnieren und mit warmem Brot servieren.

Afiyet olsun!

Fava Püree mit Dill
Fava´
[fawwa]

Nach der Eroberung der Insel Kreta im 17. Jahrhundert durch das Osmanische Reich wurden mit dem Olivenöl auch einige der dort bekannten Gerichte nach Istanbul geholt und in die **saray**-Küche integriert. Diese köstliche Speise ist eines dieser Gerichte. Als Beilage und **meze** ist das **fava**-Püree sehr beliebt und geschätzt. **fava**bohnen werden auch Ackerbohne, Saubohne, Dicke Bohne, Große Bohne, Pferdebohne genannt. Die Hülsenfrüchte sind nur sehr jung genießbar. Die Samen können sowohl frisch als auch getrocknet verwendet werden.

Zubereitung

1. Die getrockneten, über Nacht eingeweichten Saubohnen werden in frischem Wasser bei mittlerer Hitze gekocht, bis sie weich sind (bei Verwendung von Saubohnen aus der Dose wird der Inhalt nur unter Zugabe von wenig Wasser erhitzt). Anschließend abgießen und ein wenig Garwasser behalten.

2. Unterdessen die Zwiebeln schälen, grob würfeln und in einem Topf mit dem Olivenöl schmoren, bis sie weich sind.

3. Die Bohnen zu den weich gekochten Zwiebeln geben, Salz, Zucker, 2/3 vom Dill hinzufügen. Alles mit dem Stabmixer pürieren. Die Masse sollte sämig jedoch fest sein. Bei Bedarf etwas vom Garwasser beimischen. In eine flache Servierschale umfüllen, glatt streichen und im Kühlschrank kalt stellen.

Afiyet olsun!

Tipp: Vor dem Servieren in gleich große Stücke schneiden, großzügig mit Olivenöl beträufeln und Dill garnieren. Zitronensaft oder karamellisierte Zwiebelringe eignen sich auch hervorragend.

Fava Püree
mit Dill

Passt dazu...
gebratenes **Lammfleisch** oder Lammkoteletts >s162 mit Gemüse

AUFWAND
10' VORBEREITUNG
60' ZUBEREITUNG
6 PORTIONEN

Zutaten

500 g	getrocknete Saubohnen, über Nacht eingeweicht
4 Stück	Zwiebeln, grob gewürfelt
1 TL	natives Olivenöl extra
1 TL	Zucker
2 TL	Salz
1 Bund	frischer Dill, fein gehackt (etwa 1/3 davon zum Garnieren)

VORSPEISE/MEZE ~ BEILAGE/ARA SOĞUK ~ HAUPTSPEISE/ANA YEMEK

Sellerie-Knolle in Olivenöl mit Möhren
Zeytinyağlı kereviz
[sejtinn yahleh kerrevis]

Die Sellerie-Knolle ist ein gesundes und köstliches Gemüse, das man öfter zubereiten sollte. Damit die Knolle ihre schöne weiße Farbe behält und nicht unappetitlich braun wird, gibt es einige Kniffe. Unter anderem kann man eine Schale mit Wasser und Mehl bereitstellen, in der dann die geschälte, gewürfelte Sellerie-Knolle aufbewahrt wird. Erst kurz vor dem Einsatz die Zutaten durchsieben und in den Topf geben. Bei diesem Rezept handelt es sich um eine Variante bei der sogar Leute die Sellerie nicht mögen gerne noch einen Nachschlag verlangen werden.

Zutaten

1 St	mittelgroße Sellerie-Knolle, gewürfelt	
1 St	mittelgroße Kartoffel, gewürfelt	
3 St	Möhren, leicht schräg geschnitten	
1 St	mittelgr. Zwiebel, klein gewürfelt	
70 ml	Natives Olivenöl Extra	
1 TL	Zucker	
250 ml	Orangensaft, frisch gepresst oder aus der Tüte	
½ TL	Salz	
1 Prise	frisch gemahlener Pfeffer	
1 handvoll	Sellerie-Blätter, fein gehackt	

Sellerie in Olivenöl
mit Möhren

Passt dazu...
...frisches Fladenbrot.
Ein Hauptgericht mit
Hühnchen und Reis >s184

AUFWAND
20' VORBEREITUNG
50 ZUBEREITUNG
4 PORTIONEN

Zubereitung

1. Die gewürfelten Zwiebeln mit etwas Olivenöl in einem Topf leicht anbraten. Die Möhren, Salz, Pfeffer, Zucker hinzufügen und nochmals 3-4 Minuten anbraten.

2. Die gewürfelte Kartoffel, die Sellerie-Knolle und den Orangensaft in den Topf geben und rühren. Den Deckel schließen und kurz aufkochen. Dann auf unterster Stufe bei geschlossenem Deckel köcheln lassen bis alles durch ist.

3. Den Topf vom Herd nehmen, den Rest Olivenöl, die fein gehackten Sellerie-Blätter hinzugeben, umrühren und abkühlen lassen.

4. In den Kühlschrank stellen und kalt servieren.

Afiyet olsun!

Tipp: Diese Speise kann kalt über mehrere Tage zum Hauptgericht gereicht werden, da es zu den vegetarischen Gemüsegerichten in Olivenöl gehört.

Çerkez tavuğu
[tscherkes tawuu]

Tscherkessisches Huhn mit Walnuss-Pürree

Als Königsdisziplin wird dieses Gericht oft bezeichnet, es ist schwer die richtige Konsistenz für das Pürree zu bekommen. Aber die Arbeit lohnt sich. Der Legende nach haben die Tscherkessen dieses Rezept mitgebracht als sie von Kaukasus in die nähere Umgebung von Istanbul zogen, wo es dann auch mit der Zeit in den Küchen des **saray** gelandet ist.
Es wird kalt als **meze** oder als Beilage zum Hauptgericht serviert und erfreut sich großer Beliebtheit.

Tscherkessisches Huhn mit Walnuss Pürree

Passt dazu...
...frisches Brot, grüne Salate oder ein **pilav** >s20

AUFWAND
20' VORBEREITUNG
60 ZUBEREITUNG
4 PORTIONEN

Zutaten

1 St	ganzes Huhn, zerlegt
4 Scheiben	trockenes Weißbrot
200 g	Walnüsse, grob gehackt
2 St	Knoblauchzehen
50 ml	Milch
50 g	Salz
2 EL	Walnussöl oder Butter
½ TL	Paprikapulver, edelsüß
8 St	ganze Walnüsse, zum Garnieren
1 Prise	Chiliflocken (**pul biber**)

Zubereitung

1. Das Huhn im Ganzen in Salzwasser gar kochen, aus dem Topf nehmen und so weit abkühlen, dass es warm ist. Die Brühe durchseihen, das Fleisch von den Knochen lösen und in mittelgroße Stücke rupfen. Haut und Knochen entsorgen.

2. Das trockene Brot in der Hühnerbrühe tränken und anschließend auswringen. Die Walnüsse, die Milch und die Knoblauchzehen mit dem Brot im Mixer zu einer fein, cremigen Masse pürieren.

3. Das zerrupfte Hühnchenfleisch in einer tiefen Servierplatte verteilen. Das Walnuss-Brot-Püree gleichmäßig über das Fleisch verteilen.

4. Paprikapulver mit dem Walnussöl in einer kleinen Pfanne mischen, auf dem Herd bei mittlerer Hitze kurz aufschäumen lassen. Über das Hühnchen-Püree gießen, mit ganzen Walnüssen und Chiliflocken garnieren. Im Kühlschrank kalt stellen.

Afiyet olsun!

Tipp: Statt einem ganzen Huhn kann man auch Hühnchenbrustfilet nehmen, dann geht es etwas schneller. Zum Huhn kann man auch Gemüse mitgaren, das gibt dem Ganzen noch ein sehr feines Aroma. Zwiebeln und Karotten eignen sich besonders gut.

Tipp 2: Mit der restlichen Hühnerbrühe kann man Suppe oder Reis machen... siehe auch **tavuklu pilav** >s184.

Gebratene Nudeln auf türkische Art

Şehriye pilavı
[schechrije pilaweh]

Şehriye sind eine Art Suppennudel, die man als **pilav** (Reisgericht) zubereiten kann. Man kann natürlich auch andere kleine Nudelformen verwenden. Die typisch türkischen **arpa şehriye** oder **tel şehriye** bekommt man abgepackt im türkischen Supermarkt.

Zubereitung

1. In einem beschichteten, flachen Topf die Butter zerlassen. Die **şehriye** hinzufügen, bei mittlerer Hitze langsam und gleichmäßig goldbraun anbraten. So entfaltet sich das typisch, butterige Aroma.

2. Das warme Wasser eingießen und umrühren, mit Salz und Pfeffer würzen.

Gebratene Nudeln
auf türkische Art

Passt dazu...
Joghurt, gegrilltes Gemüse, Fleisch-/Hühnchengerichte oder vegetarisches wie **nohut yemeği** >s22, **kuru fasulye** >s26

AUFWAND
5' VORBEREITUNG
20' ZUBEREITUNG
3 PORTIONEN

Zutaten

200 g	şehriye (Hartweizen Suppennudeln)
50 g	Butter
400 ml	frisch gekochtes Wasser
1 TL	Salz
1 Prise	gemahlener Pfeffer

3. Kurz aufkochen, Topf abdecken, den Herd auf niedrigste Stufe stellen und garen bis das Wasser aufgesogen wurde. Zum Schluss kann man mal umrühren, damit die **şehriye** nicht kleben.

4. Den Herd ausstellen und ein Küchenkrepp zwischen Topf und Deckel klemmen. 10 Minuten ruhen lassen.

Tipp: Mit zerdrücktem **beyaz peynir**, grob zerkleinerten Walnüssen und etwas gehackter Petersilie kann man die **şehriye pilavı** wunderbar garnieren.

Afiyet olsun!

BEILAGE/ARA SICAK

Mit Hackfleisch gefüllte Aubergine

Karnıyarık
[karrnjark]

Die Aubergine wird besonders häufig in der mediterranen, türkischen Küche verwendet, wo sie mit einigen speziellen Gerichten zu großer Berühmtheit gelangt ist. Auberginengerichte haben eine lange Tradition in der Türkei. Frei übersetzt bedeutet **karnıyarık** (aufgeschlitzter Bauch), gemeint ist das Aufschlitzen der Aubergine für die Füllung. Die vegetarische Version ist **imam bayıldı**, eine geschmorte, mit Tomaten und Zwiebeln gefüllte Aubergine. Beide Gerichte werden oft verwechselt.

Zubereitung

Mit Hackfleisch gefüllte Aubergine

Passt dazu...
Reis mit Tomaten (**domatesli pilav**) und **cacık** (Türkisches Tzaziki) >s14

AUFWAND
20' VORBEREITUNG
30 ZUBEREITUNG
5 PORTIONEN

Zutaten

5 Stück	Auberginen (dünne lange)	
1 EL	Zucker	
200 ml	Sonneblumenöl	
100 gr	Butter	
3 St	Zwiebeln, klein gewürfelt	
3 St	Spitzpaprika, klein gewürfelt	
3 St	Knoblauchzehen, fein gewürfelt	
400 gr	Hackfleisch vom Rind	
1 EL	**salça** (eine Mischung aus Paprika-, und Tomatenmark)	
1 TL	Salz	
1 TL	frisch gemahlener Pfeffer	
3 TL	Paprikapulver, edelsüß	
½ Bund	glatte Petersilie, fein gehackt	
2 St	Tomaten, in Scheiben geschnitten	
50-100	ml warmes Wasser	

1. Von jeder Aubergine der Länge nach gleichmäßig 4-5 dünne Streifen abschälen, bis die Auberginen rundum gestriept sind (Im türkischen sagt man: im Pyjama-, oder Zebrastreifen-Stil). In Salzwasser ca. 30 Minuten ziehen lassen. Danach Wasser abgießen und Auberginen trockentupfen.

2. In der Pfanne die Auberginen mit Öl rundum anbraten, mit Küchenkrepp das überflüssige Fett auffangen und auf das Backblech legen. Der Länge nach tief einschneiden, nicht durchtrennen. Mit einem kleinen Löffel die Auberginen etwas aushöhlen und die entstandene Tasche mit Zucker bestreuen.

3. In einer Pfanne die Butter erhitzen, Zwiebeln, gehackten Knoblauch und Spitzpaprika hinzufügen. Das Hackfleisch zugeben und anbraten bis der Fleischsaft verdunstet ist. In die gegarte Masse das **salça**, Paprikapulver und fein gehackte Petersilie hinzufügen, mit Salz und Pfeffer abschmecken.

4. Den Backofen auf 180 °C vorheizen. Die Auberginentaschen mit der Gabel leicht anstechen (damit der Geschmack der Füllung auch gut durchsickert) und mit der Hackfleischmasse befüllen. Mit 1-2 Tomatenscheiben abdecken.

5. Das Wasser auf das Blech geben und bei 180 °C Ober-, Unterhitze ca. 20-25 Minuten backen.

Afiyet olsun!

Würzig-zarte Hähnchenkoteletts im Ofen

Fırında tavuk pirzola

[fer'nda tawuck pirsola]

Die Zubereitung der Hähnchenkoteletts auf diese Weise geht sehr schnell und erfordert nicht viel Aufwand. Ideal wenn man unerwartet noch Besuch bekommt. Schnell zum Metzger um die Ecke, Öl-Gewürz-Mischung drauf und ab in den Ofen.

Zubereitung

1. Hähnchenschenkel kalt abgewaschen und trocken tupfen. Das Fleisch vorsichtig seitlich mit einem scharfen Messer vom Knochen befreien, aber nicht entfernen sondern umstülpen. So dass die Innenseite der Keule nach außen gestülpt wird (auf links drehen). Da das etwas Übung erfordert, kann man auch den Metzger darum bitten. Das Hähnchenfleisch wird auf diese Weise wunderbar zart und saftig.

2. Für die Öl-Gewürz-Mischung die restlichen Zutaten gut mischen und alles auf die Keulen einreiben (marinieren). Wenn man Zeit hat kann man das

Würzig-zarte Hähnchenkotletts im Ofen

Passt dazu...
Salat, gegartes Gemüse und Reis

AUFWAND: ♨♨♨
VORBEREITUNG: 15'
ZUBEREITUNG: 30'
PORTIONEN: 4

Zutaten

6 St	Hähnchen Ober-, und Unterschenkel, als Hähnchenkotletts prepariert
1 EL	**salça** (eine Mischung aus Paprika-, und Tomatenmark)
1 Prise	Paprikapulver, edelsüß
½ TL	Salz
½ TL	gemahlener Pfeffer
1 Prise	**kekik** (Thymian-Oregano Mischung)
1 Prise	getrockneter Rosmarin
1 Prise	Hähnchengewürz
1 St	Knoblauchzehe, fein gehackt oder gepresst
2 EL	Natives Olivenöl Extra

Ganze ca. 1 Stunde im Kühlschrank aufbewahren, bis alles schön eingezogen ist.

3. Hähnchen auf den Rost legen und mit Wasser gefüllte Fettpfanne darunter. Bei ca. 180 °C, 30-40 Minuten im Ofen bei Ober,- Unterhitze garen. Zwischendurch 2-3 wenden, damit sie gleichmäßig gold-braun werden.

Afiyet olsun!

Tipp: Mit Salat, Kartoffeln oder Reis heiß servieren.

Ein Klassiker in den Wintermonaten sind türkische Rouladen, beliebt als reine Hausmannskost. Die Füllung und Gewürze variieren stark von Region zu Region, die weiche und glänzende Textur des Kohls bleibt jedoch die Gleiche.

Türkische Weißkohl Rouladen

Etli lahana sarması
[ettlii lahanna ßarrmahseh]

Zubereitung

1. Äußere Blätter des Weißkohls entsorgen. Restliche Blätter ablösen, putzen und waschen. Kohlblätter einige Minuten blanchieren und unter kaltem Wasser abschrecken.

2. Den Reis mit heißem Wasser durchspülen und abgießen. Nun das Hackfleisch, die Zwiebeln, Tomaten, Reis, **salça** und die Gewürze in einer großen Schüssel gut vermengen.

3. Die Weißkohlblätter mit dem Stumpf nach unten auf die Arbeitsfläche legen. Je nach Bedarf den dicken Blattstumpf dreieckig herausschneiden. Die Hackfleisch-Mischung mittig auf die untere Kante legen. Zunächst die untere Kante, dann rechts und links zuklappen und dicht aufwickeln. In einen Topf dicht beieinander legen und schichten bis alle Kohlblätter verarbeitet sind.

4. Butter in kleine Würfel schneiden, auf den gewickelten Röllchen verteilen und mit Wasser aufgießen bis sie bedeckt sind. Alles mit einem umgedrehten Teller beschweren. Deckel schließen, kurz aufkochen und dann bei leichter Hitze ca. 30 Minuten fertig garen. Zwischendurch immer kontrollieren, ob genug Wasser im Topf ist. Falls nicht, noch etwas kochendes Wasser eingießen.

Afiyet olsun!

Tipp: Je langsamer sie garen und je geringer die Temperatur, desto schmackhafter werden sie.

VIDEO **http://bit.ly/KDT_lahana_youtube**

Türkische Weißkohl Rouladen

Passt dazu…
…ein Klacks Joghurt

AUFWAND
30' VORBEREITUNG
30 ZUBEREITUNG
4 PORTIONEN

Zutaten

1 St	kleiner Weißkohl
500 g	Hackfleisch vom Rind
2 St	Zwiebeln, gerieben
2 St	Tomaten, gehäutet und gerieben
50 g	Reis, gewaschen und abgeseiht
1 EL	**salça** (eine Mischung aus Paprika-, und Tomatenmark)
1 EL	getrocknete Minze
1 TL	Salz
1 Prise	Chiliflocken (**pul biber**)
1 Prise	frisch gemahlener Pfeffer
125 g	Butter
	Wasser

Hausgemachte Beyti Kebap (Köfte im Schlafrock)

Ev usulü beyti kebap

[ew ußülluh bejtie kebapp]

In der Türkei gibt es fast 300 verschiedene **köfte**-Rezepte (Frikadellen), je nach Region unterschiedlich. Dazu gehören auch diverse vegetarische Varianten. Diese **beyti kebap** sind würziger im Geschmack. Man kann sie auch ohne Teigmantel und Soße anbieten, dann sind es **Adana kebap**. **Adana kebap** werden mit Spießen und auf den Grill zubereitet und bekommen dadurch eine rauchige Note.

Köfte im Schlafrock

Dazu passt…
bulgur pilavı und angebratenes Gemüse wie Tomaten und Spitzpaprika.

AUFWAND
60' VORBEREITUNG
90' ZUBEREITUNG
3 PORTIONEN

Zutaten

300 g	Hackfleisch vom Lamm
50 g	tierisches Fett (Fett vom Hammelschwanz), nach Belieben
1 St	rote Spitzpaprika, ganz klein gehackt
2 St	Knoblauchzehen, fein gehackt
½ Bund	glatte Petersilie, fein gehackt
1 St	*yufka*-Teigblatt (gibt es im türk. Supermarkt)
1 Prise	Salz und Chiliflocken (**pul biber**)
1 St	Eigelb zum Bestreichen
1 EL	Milch
	Für die Soße:
1 EL	salça (eine Mischung aus Paprika- und Tomatenmark)
60 g	Butter

Zubereitung

1. Das Hackfleisch sollte von ihrem Metzger zwei mal durch den Wolf gedreht und mit dem Fett vom Hammelschwanz gemischt werden (Das Fett vom Hammelschwanz ist Geschmacksträger, deshalb empfehlen wir es. Man kann es aber auch weglassen).

2. Zum Hackfleisch nun die Paprika, die Petersilie und den Knoblauch geben, die vorher im Zerkleinerer fein gehackt werden. Salz und Chiliflocken nach Belieben. Es sollte ca. 30 min bei Zimmertemperatur ruhen (kühlschrankkaltes Hackfleisch wird beim Braten zäh). Dann drei flache, längliche Frikadellen daraus formen.

3. Die Frikadellen werden in einer beschichteten Pfanne ohne Fett kurz scharf angebraten. Es darf ruhig fast verbrannt sein, das gibt dem ganzen noch Röstaromen (Unser Tipp: auf dem Grill schmeckt es noch besser).

4. Das *yufka*-Teigblatt in drei gleichgroße Teile schneiden und darin die angebratenen Frikadellen einwickeln. Die eingerollten Teigblätter kommen nun auf ein geöltes Backblech. Ein Eigelb mit etwas Milch mischen und drauf streichen, bevor alles bei 180° C Ober-, Unterhitze in den Ofen geschoben wird. Ca. 15-20 Minuten später sind sie goldbraun und können rausgenommen werden. Anschließend einige Minuten mit einem leicht feuchten Küchentuch bedecken, dann lassen sich die **beyti kebap** besser schneiden.

5. Kurz vor dem Servieren die Soße in einer kleinen Pfanne vorbereiten. Butter und Tomatenmark in die Pfanne geben und zum Schmelzen bringen. Bei geringer Hitze einige Minuten ziehen lassen, sollte eine sehr homogene Masse ergeben, evtl. etwas Wasser hinzugeben. Die eingerollten Frikadellen vorsichtig in 4 cm große Stücke schneiden, mit der Soße und etwas Petersilie garnieren. Dazu kann man Joghurt reichen.

Afiyet olsun!

Süßer Maisgrieß mit Pinienkernen

İrmik helvası
[irmick hellwaseh]

Zubereitung

1. Wasser, Milch und Zucker in einem Topf langsam unter ständigem Rühren erhitzen. Wenn der Zucker sich aufgelöst hat, Topf zur Seite stellen und abkühlen lassen.

2. Butter in einer Pfanne zerlassen, Maisgrieß dazugeben. Wenn die Butter vom Grieß vollständig aufgesogen wird, die Temperatur reduzieren und Pinienkerne hinzufügen. Alles unter ständigem Rühren bei leichter bis mittlerer Hitze weiter anrösten bis die Pinienkerne und der Maisgrieß eine gold-braune Farbe annehmen.

3. Nun den Wasser-Milch-Sirup langsam dazugeben und weiterrühren bis die Flüssigkeit aufgesogen ist und die Masse sich festigt.

4. Mit geschlossenem Deckel 10-15 Minuten leicht abkühlen lassen und servieren.

Afiyet olsun!

*Maisgrieß-**helva**, ein Klassiker unter den türkischen Süßspeisen, wird in der Türkei zu unterschiedlichen Anlässen zubereitet. Meist an religiösen Festen, wie Ramadan. Aber auch bei Todesfällen, immer nach dem Begräbnis, wird es im Haus des Verstorbenen zubereitet und Freunden und Verwandten serviert.*

Süßer Maisgrieß
mit Pinienkernen

Passt dazu…
ein bis zwei Kugeln Speiseeis.
Vorzugsweise einfache Sorten
wie Vanille oder Schokolade.

Zutaten

250 g	Maisgrieß (**irmik**)
125 g	Butter
25 g	Pinienkerne
300 ml	Wasser
200 ml	Milch
200 g	Zucker

  VIDEO http://goo.gl/A9ARa

Tipp: Maisgrieß kann man hervorragend in eine Form drücken und auf den Teller stürzen. Mit gerösteten Pinienkernen als Garnierung sieht es außergewöhnlich gut aus.

Quitten im Sirup mit Kaymak
Ayva tatlısı
[ajwaa tatleseh]

Aus Quitten, die in Deutschland fast schon in Vergessenheit geraten sind, kann man außer leckerer Marmelade noch viele weitere köstliche Süßspeisen zubereiten.

Quitten
im Sirup mit Kaymak

AUFWAND
20' VORBEREITUNG
60 ZUBEREITUNG
6–8 PORTIONEN

Zutaten

3 St	mittelgroße Quitten, geschält und geviertelt
300 g	Zucker
1 St	Zitrone, frisch gepresst
Zum Garnieren:	
200 g	Walnüsse, grob gehackt
100 g	**kaymak** (wahlweise geht auch Mascarpone)

Zubereitung

1. In eine Schüssel kaltes Wasser und den Saft einer halben Zitrone geben. Die Quitten schälen, vierteilen, den Strunk und die harten Teile entfernen. Ca. 15-20 Kerne aufheben (diese geben den Quitten später ihre Orange-Rote Farbe). Die Quitten nach dem Schälen sofort in das Zitronenwasser geben, damit sie nicht unappetitlich braun werden und eine halbe Stunde ziehen lassen.

2. Quitten und Kerne in einen flachen Topf mit dickem Boden geben. Mit Zucker bestreuen und langsam bei geringer Hitze abgedeckt köcheln lassen. Zwischendurch vorsichtig umrühren und schauen, ob noch genug Wasser vorhanden ist. Den Saft einer halben Zitrone beim Köcheln dazu geben. Die Quitten so lange kochen bis der Zucker und der Fruchtsaft sirupartig werden. Wenn die Frucht weich und der Saft dickflüssig sind, zu Seite stellen und abkühlen lassen. Danach Kerne entnehmen und in den Kühlschrank stellen.

3. Vor dem Servieren mit etwas **kaymak** und ein paar Walnüssen verzieren.

Afiyet olsun!

Tipp: Je mehr Quittenkerne mitgekocht werden, desto dunkler und schöner wird die Farbe. Vorzugsweise sollte man vollreife Quitten zur Zubereitung verwenden, die im Spätherbst auf den Markt kommen.

Çay Sofrası — Tea Time auf Türkisch

It's tea time – Bei dieser Tafel habe ich **Higgie-Baby**, den adeligen Hausverwalter aus der amerikanischen Serie „Magnum, P.I.", vor Augen. Ich weiß genau, was Sie jetzt denken, und natürlich haben Sie Recht: *„Was um Himmelswillen haben nun Jonathan Higgins und Magnum an einer türkischen Tee-Tafel verloren?"*. Scheinbar nicht viel, denn während der Brite bei seiner Tea Time vor allem den Tageszeitpunkt im Fokus hat, ist es beim Türken die üppige Auswahl an Leckereien und die Geselligkeit, die der *çay sofrası* ihre Daseinsberechtigung gibt. Außerdem sind dem britischen Migranten mit dem akkurat gebügelten Safari-Hemd und dem strengen Seitenscheitel die Tee-Nachmittage in der hawaiischen Diaspora so heilig wie dem Türken sein *çay sofrası* an Wochenenden in Deutschland. Der Rest sind zwei Synapsen, entstanden durch Ereignisse aus der Kindheit von mir, der Autorin, die sich (scheinbar) zufällig in diesem Text verknoten. Ein weiteres Merkmal sind die zwei ähnlichen Arten der Teezubereitung. Türken trinken ähnlich wie Briten ausschließlich schwarzen Tee, am liebsten nicht aromatisiert. Die Teeblätter werden lose in die Kanne gegeben und mit kochendem Wasser gebrüht. Dort bleiben sie auch, so dass der Tee allmählich immer stärker wird. Aus diesem Grund wird das Glas nicht nur mit Tee, sondern auch mit heißem Wasser aufgefüllt (siehe Rezept zu *çay*).

Während es am Wochenende gemischt zugeht, sind es in der Woche zumeist (Haus-)Frauen, die sich zu einer *çay sofrası* und zu ausgiebigem Klatsch und Tratsch treffen und sich über die neuesten Schicksalschläge der Protagonisten aus den türkischen Soaps auslassen. Auf dieser Tafel trifft die **simit** aus einfachen Verhältnissen die herzhafte **poğaça** oder **börek,** sowie die süßen und salzigen **kurabiye** aus gutem Hause auf die zwanglose scharfe **kısır** ohne

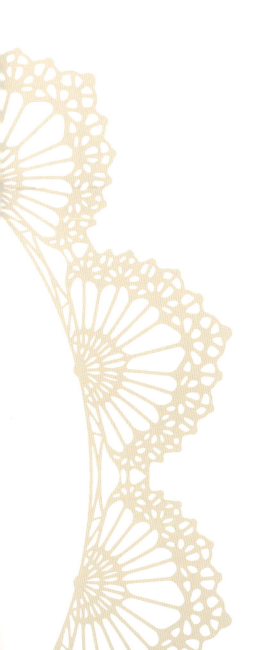

dass es einen *clash of culture* gibt. Hier ist höchstens eine Geschmacksexplosion zu erwarten, denn anders als zum Nachmittagskaffee, verträgt der türkische Gaumen zum **çay** nicht nur süßes, sondern auch herzhaftes und scharfes.

Der **semaver** tuckert und pfeift stundenlang vor sich hin und die Gastgeberin beobachtet die Teegläser der Gäste, damit sie sie sofort nachfüllen kann. Wenn man kein weiteres Glas Tee wünscht, hinterlässt man entweder ein halbvolles Glas oder legt den Teelöffel oben über das Glas. Negierungen werden sanft und oft wortlos zum Ausdruck gebracht. Man spricht sie nicht offen aus. Das gebietet die Höflichkeit.

Der Teegenuss ist für alle Sinne bestimmt. Da sich der Kreis regelmäßig trifft, ist der Anspruch auf Abwechslung und Vielfalt sehr hoch. Man möchte mit den aufwendig zubereiteten Leckereien seine Gäste jedes Mal auf das Neue überraschen. Die mit Liebe zum Detail dekorierte Tafel ist eine Art offenes Buffet, von dem man sich immer wieder eine Kleinigkeit auf den Teller nimmt. Spätestens beim zweiten Nachschlag kommen die vielen Kalorien zur Sprache und dass die herrlichen Köstlichkeiten der Figur eher unzuträglich sind. Doch eigentlich möchte man zum Ausdruck bringen, wie unwiderstehlich lecker die Speisen der Gastgeberin sind. Wie immer versichert die Gastgeberin an dieser Stelle, wie gesund und bekömmlich ihre Art der Zubereitung ist und dass kaum Fett und Zucker enthalten sind. Doch für die Überdosierung von Zucker ist der türkische Gaumen oft blind. Die Gastgeberin wird hoch gelobt und es wird nach dem besonderen Rezept gefragt. Und damit Ihr bei Eurer **çay sofrası** punkten könnt, haben wir in diesem Kapitel für Euch ein paar Köstlichkeiten zusammengestellt. Oder wie es die eingangs erwähnten Briten zu sagen pflegen: „*Go and fish your own compliments!*"

Nilüfer Şahin

Rezepte in diesem Kapitel

Çay ′ **70**

Piyaz ′ **72**

Havuçlu yoğurt ′ **74**

Kısır ′ **76**

Simit ′ **78**

Yufka hamuru ′ **80**

Tepsi böreği ′ **82**

Bademli kurabiye ′ **84**

Bahçivan kurabiyesi ′ **86**

Şekerpare ′ **88**

Yufkalı kadayıf sarması ′ **90**

Rezepte die auch passen

Hirtensalat ′ **98** ~ Schafskäse-Brötchen ′ **108** ~ Lasen-Börek ~ Süße Filoteigschnitten mit Milchcreme-Füllung **194** ~ Linsenlaibchen ′ **128** ~ Süßer Maisgrieß mit Pinienkernen ′ **62**

Für das gesellschaftliche Leben und die Gastfreundschaft spielt das Teetrinken eine wesentliche Rolle. In der Türkei wird Tee selten allein, sondern oft in Gesellschaft anderer genossen. Sommer wie Winter, Morgens wie Abends, traditionell gehört Tee beim Handeln auf dem Bazar ebenso dazu wie zu börek und kurabiye.

Die Zubereitungsart von türkischem Tee ist das Besondere dabei, es wird in einem Samovar mit zwei Kannen zubereitet.

Türkischer Tee

AUFWAND
5' VORBEREITUNG
20 ZUBEREITUNG
6 PORTIONEN

Passt dazu...
...Gebäck wie **kurabiye** > s84
und **börek** > s82

| 3 EL | schwarzer Tee (Eine Mischung aus schwarzem Tee aus dem türkischen Supermarkt und einer englischen Teesorte wie Ceylon oder Assam) |
| 1,5 Liter | Wasser |

VIDEO http://goo.gl/m9A2f

1. Zuerst füllt man die untere, große Kanne mit Wasser.

2. In die obere, kleine Kanne gibt man die Teeblätter hinein. Mit lauwarmem Wasser wird der Tee gespült, damit sich der Staub rauswäscht. Sonst würde es den Tee trüben.

3. Beide Kannen werden übereinander auf den Herd gestellt. Sobald das Wasser kocht, schüttet man ca. ⅓ davon in die obere Kanne in der sich die Teeblätter befinden. Bei Bedarf in die untere Kanne Wasser nachfüllen und erneut aufkochen.

4. Bei schwacher Hitze für ca. 5-8 Minuten ziehen lassen.

5. In kleine tulpenförmige Teegläser wird aus der oberen Kanne Teekonzentrat und der unteren Kanne Wasser eingegossen, um die gewünschte Stärke zu erhalten.

Afiyet olsun!

Tipp: Bei einer längeren Ziehdauer über vier Minuten oder länger entfaltet der Tee seine beruhigende Wirkung im Magen-Darmtrakt des Körpers, was zu einer allgemeinen Entspannung des Köpers führt.

Piyaz
Weißer Bohnensalat
[pijas]

Piyaz ist ein Arme-Leute-Essen, einfach in der Zubereitung schmeckt es sehr lecker und frisch. Wenn man es sehr eilig hat, kann man weiße Bohnen aus dem Glas nehmen, die muss man nicht mehr weichkochen.

Zubereitung

1. Die weißen Bohnen werden über Nacht eingeweicht. Am nächsten Tag die Bohnen kochen bis sie durch sind (ca. 60 Minuten ohne Schnellkochtopf). In ein Sieb gießen, durchspülen und abkühlen lassen.

2. Die Zwiebel in dünne Ringe schneiden und mit etwas Salz reiben.

3. Zwiebel, fein gehackte Petersilie, die gewürfelte Paprika und die kalten Bohnen in eine Schale geben. Mit Olivenöl, Zitronensaft, Essig,, Chiliflocken, Salz, etwas Pfeffer durchmischen und abschmecken!

4. Das hart gekochte Ei vierteln und mit den schwarzen Oliven auf dem restlichen Salat garnieren.

5. Vor dem Verzehr ca. 2–3 Stunden ziehen lassen.

Afiyet olsun!

Tipp: Wer möchte kann auch **beyaz peynir** (weißer Salzlakenkäse aus Kuh-, Ziegen-, oder Schafsmilch) hinzufügen, das sieht gut aus und gibt dem Salat noch den geschmacklichen Kick!

Weißer Bohnensalat

Passt dazu…
pirzola >s162, **köfte** >s164
oder verschiedene **meze**.

Zutaten

250	g	getrocknete weiße Bohnen, über Nacht eingeweicht
1	St	Zwiebel, in dünne Ringe geschnitten
1	St	rote Spitzpaprika, klein gewürfelt
¼	Bund	glatte Petersilie, fein gehackt
ca. 5	EL	Weißweinessig
ca. 4	EL	Natives Olivenöl Extra
½	St	Zitrone, frisch gepresst
1	Prise	Chiliflocken (**pul biber**)
1	Prise	gemahlener Pfeffer
1	Prise	Salz
1	St	hart gekochtes Ei, zum Garnieren
10-12	St	schwarze Oliven, zum Garnieren

Möhren-Joghurt-Creme
Havuçlu yoğurt
[hawutschlu jourd]

Havuçlu yoğurt ist eine der beliebtesten **meze** am **rakı**-Tisch. Der leckere Möhren-Joghurt-Aufstrich mit leichter Knoblauchnote ist auf jedem Vorspeisentisch gern gesehen.

Zubereitung

1. Möhren schälen, Enden abschneiden und ca. 15 Minuten garen. Die Garzeit variiert je nach Größe der Möhren. Deshalb einige Male mit der Gabel einstechen, um die Festigkeit zu prüfen. Sie sollen noch bissfest sein. Anschließend Wasser abgießen und abkühlen lassen.

2. Joghurt, gepressten Knoblauch, Olivenöl in eine große Schale geben und die abgekühlten Möhren rein raspeln. Mit Salz und gemahlenem Pfeffer nach belieben würzen. Alles gut umrühren. Für einige Stunden in den Kühlschrank stellen, so zieht die fertige Creme richtig durch.

3. Kurz vor dem Servieren mit etwas frischem Dill und Walnüssen garnieren.

Afiyet olsun!

Tipp: Eine andere bevorzugte Variation der Vorspeise wird **havuçlu haydari** genannt. Hier werden der Creme zusätzlich zerdrückter **beyaz peynir** (weißer Salzlakenkäse aus Kuh-, Ziegen-, oder Schafsmilch) und fein gehackte Kräuter wie Petersilie oder Dill hinzugefügt.

Möhren-Joghurt-Creme

Passt dazu

deftige oder scharfe Speisen
Gegrilltes Gemüse oder **kebap**

AUFWAND ŬŬŬ
10' VORBEREITUNG
15' ZUBEREITUNG
4 PORTIONEN

Zutaten

300 g		**süzme yoğurt** (10% Fettgehalt), auch bekannt als stichfester Joghurt oder Sahnejoghurt
4 St		große Möhren, gekocht und geraspelt
1–2 St		Knoblauchzehe, fein gehackt oder gepresst
3 EL		Natives Olivenöl Extra
1 Prise		Salz und frisch gemahlener Pfeffer
		Zum Garnieren:
1 EL		gehackte Walnüsse
etwas		frische Minze oder Dill

VIDEO http://goo.gl/lBGv2

Kısır

[ksrrr]

Türkischer Bulgursalat

Eignet sich hervorragend für viele Personen oder eine Party. Das einzig aufwendige daran, ist das viele Schneiden der Zutaten. Doch es lohnt sich.

türkischer Bulgursalat

AUFWAND
30' VORBEREITUNG
6 PORTIONEN

Dazu passt...
cacık (Türkisches Tzaziki) >s14
oder auch **sigara böreği** >s140

Zubereitung

1. Den feinen *bulgur* mit kochendem Wasser übergießen, kurz umrühren und bei geschlossenem Deckel 20 Minuten quellen lassen.

2. In der Zwischenzeit Frühlingszwiebeln, rote Zwiebel, Spitzpaprika, die Tomaten und Gurken ganz klein würfeln. Petersilie, Dill, Minze fein hacken.

3. Den *bulgur* in eine größere Schale geben, mit dem *salça*, Olivenöl, Zitronensaft und Granatapfelsirup sorgfältig vermengen.

4. Die gewürfelten, gehackten Zutaten und Gewürze hinzufügen, abschmecken, eventl. nachwürzen und mischen.

Den Bulgursalat in einer großen Schüssel anrichten, mit Salatblättern garnieren und bis zum Servieren im Kühlschrank aufbewahren.

Afiyet olsun!

Zutaten

200 g	feiner **bulgur** (*köftelik bulgur, eine Art Hartweizengrütze*)
200 ml	frisch gekochtes Wasser
6 St	Frühlingszwiebeln, dünne Ringe
2 St	Spitzpaprika (rot, gelb, oder grün), klein gewürfelt
1 St	rote Zwiebel, geviertelt in dünne Ringe
10 St	kleine Tomaten, gewürfelt
2 St	kleine Gurken (die im türkischen Supermarkt schmecken aromatischer), gewürfelt
1 Bund	glatte Petersilie, fein gehackt
1 Bund	frischer Dill, fein gehackt
1 Bund	frische Minze, fein gehackt
2 EL	**salça** (eine Mischung aus Paprika- und Tomatenmark)
1 St	Zitrone, frisch gepresst
4 EL	Granatapfelsirup (im türkischen Supermarkt)
5 EL	Natives Olivenöl Extra
1 TL	Salz
1 TL	gemahlener Pfeffer
1 Prise	Chiliflocken (**pul biber**)
2 St	Romana Salatherzen (im türkischen Supermarkt)

VIDEO **http://goo.gl/4IXLD**

VORSPEISE/MEZE ~ BEILAGE/ARA SICAK~ HAUPTSPEISE/ANA YEMEK

Simit (Sesamkringel)

Simit
[ßimitt]

Simit sind kleine, runde Kringel aus Brotteig mit Sesam. Die Brezel der Türken schmecken knusprig warm aus dem Ofen nahezu unübertroffen göttlich. Schon in der Zeit der Osmanen bekannt und beliebt. Zu jeder Tageszeit, egal ob unterwegs, zuhause, am Strand oder im Bazar, mit einem Glas türkischem Tee sind sie das unzertrennliche Duo. Straßenhändler verkaufen sie mit einem Wägelchen oder mit einem Tablett auf dem Kopf.

Zubereitung

1. Zucker und ein bisschen lauwarmes Wasser in einer kleinen Schüssel vermengen, Hefe darübersprenkeln und beiseitestellen bis sich Schaum bildet, dann die restlichen 350 ml Wasser hinzugießen.

2. Mehl und Salz in einer Schüssel vermengen, die Hefemischung dazugeben und umrühren, bis ein grober Teig entsteht. Auf eine leicht bemehlte Fläche legen und kneten, bis der Teig elastisch ist. Dann den Teig zu einer Kugel formen und in eine leicht mit Öl bestrichene Schüssel legen. Dort wenden, bis er gleichmäßig eingeölt ist. Mit Frischhaltefolie abdecken und 1 Stunde (oder bis er sein Volumen verdoppelt hat) an einem warmen, zugfreien Ort aufbewahren.

3. Den Teig nochmals auf einer leicht bemehlten Fläche durchkneten und in 10 gleich große Stücke teilen. **Pekmez** in einer großen Schüssel mit Wasser vermengen. Die Sesamsamen auf einen großen Teller streuen.

4. Jedes Teigstück einzeln mit den Händen zu ca. 50 cm langen „Seilen" ausrollen. Diese in der Mitte falten und mit den Händen zu einem Seil verdrehen (20-25 cm lang). Wieder auf die Fläche legen und die Enden fest aneinanderpressen, so dass ein Ring entsteht. Mit dem restlichen Teig ebenso verfahren.

5. Jeden Ring vollständig in die **pekmez**-Mischung tauchen, gut abtropfen lassen und vorsichtig in den Sesamsamen wälzen. Sesamkringel mit genügend Abstand auf ein mit Backpapier ausgelegtes Backblech legen, damit sie Platz zum Aufgehen haben. 20 min bei Zimmertemperatur ruhen lassen.

Simit
Sesamkringel

Passt dazu…
Frühstück, verschiedene Dips und türkischer Tee > s70

Zutaten

1 Prise	Zucker
350 ml	Wasser (für den Teig)
3 TL	Trockenhefe
500 g	Mehl
1½ TL	Salz
1 EL	Öl, zum Bestreichen der Schüssel
150 ml	**pekmez** (Traubensirup)
100 ml	Wasser
	Zum Garnieren:
200 g	Sesamsamen

6. Anschließend im vorgeheizten Ofen bei 200 °C (Ober- und Unterhitze) etwa 15-20 min backen bis die Ringe goldbraun gebacken sind. Leicht abkühlen lassen.

Afiyet olsun!

Tipp: Die **simit** schmecken am besten frisch gebacken, halten sich aber luftdicht verschlossen im Kühlschrank bis zu 4 Wochen.

Yufkateig für Börek

Yufka hamuru
[juffkah hammuruh]

Yufka, ist ein Teig aus Mehl, Wasser, Salz und ein wenig Öl (nach einigen Rezepten kommt auch Hefe mit hinein) der für die Herstellung verschiedener salziger und süßer Backwaren wie **börek** und Gözleme verwendet wird. Der geschmeidige Teig wird nach kurzem Ruhen mit dem **oklava** oder dem Nudelholz hauchdünn ausgerollt.
Fertige **yufka**-Teigblätter sind in türkischen Lebensmittelgeschäften und einigen Supermärkten in verschiedenen Formen und Größen erhältlich.

Zubereitung

1. Für den **yufka**-Teig Mehl, Salz und Öl in einer Schüssel vermengen. Nach und nach das lauwarme Wasser hinzufügen und kneten, bis ein elastischer Teig entsteht. Ca. 45 Minuten abgedeckt ruhen lassen.

2. Aus dem Teig vier gleichgroße Kugeln formen und wieder mit einem Küchentuch abdecken.

3. Mit dem **oklava** (oder Nudelholz) je eine dieser Teigkugeln ebenmäßig auf der bemehlten Arbeitsfläche so dünn wie möglich ausrollen. Dabei das **yufka**blatt immer wieder um 45° drehen und dazwischen wenig Mehl streuen. Beim Wickeln um das **oklava** mit den Handinnenflächen den Teig leicht nach Außen schieben. Die **yufka**-Blätter sind dünn genug, wenn man den Untergrund sehen kann.

Afiyet olsun!

Tipp: Die ausgerollten **yufka**blätter sollten möglichst schnell weiter verarbeitet werden, sonst trocknen sie aus und reißen! Wenn größere Mengen Teig hergestellt werden, die fertigen **yufka**-Teigblätter abdecken. Man erhält so ca. 500g Teigblätter.

Yufkateig
für Börek

Daraus macht man...
tepsi börek >s82 oder
sigara böreği >s140

45' VORBEREITUNG
60 ZUBEREITUNG
6 PORTIONEN

Zutaten

350	g	Mehl
½	TL	Salz
1	Prise	Zucker
1	TL	Rapsöl
ca. 200	g	lauwarmes Wasser

Börek im Backblech

Tepsi böreği
[teppsi böreeji]

Börek ist ein althergebrachtes Gericht der türkischen Küche. In vielen Variationen anzutreffen, wird es gerollt, geschichtet, gewickelt und im Ofen gebacken oder in der Pfanne gebraten. Klassische Füllungen sind Hackfleisch, Spinat oder Schafskäse. Die dafür benötigten **yufka**-Blätter kann man selber herstellen oder fertig abgepackt im türkischen Supermarkt kaufen.

Zubereitung

1. Milch und Butter in einem kleinen Topf auf den Herd stellen bis die Butter geschmolzen ist. Nicht kochen, nur erwärmen! Leicht abkühlen lassen bis es wieder lauwarm ist. Anschließend die Eier nach und nach mit einem Schneebesen in die lauwarme Milch geben, wobei ein Eigelb zum Bestreichen aufgehoben wird.

2. Zeitgleich Kartoffeln schälen, weich kochen und mit einer Gabel zerdrücken. **beyaz peynir**, Kartoffeln, gehackte Kräuter und die anderen Gewürze in einer Schale gut vermischen.

3. Backblech einfetten, das erste Blatt **yufka** als Boden einlegen, so dass die Ränder überstehen. Mit der lauwarmen Milch-Sauce das **yufka** hinreichend bestreichen. Weiteres **yufka**-Blatt teilen, locker und leicht knitterig (damit das **börek** später schön luftig wird) als zweite Schicht bis zum Blechrand bedecken, wieder mit der Milch-Sauce bestreichen. Die Hälfte der Füllung darauf verteilen. Weiter abwechselnd die **yufka**-Blätter befeuchten und die restliche Füllung verteilen.

4. Zum Schluss die Ränder der letzten **yufka**-Schicht mit den überstehenden Rändern der ersten Schicht zuklappen. Mit der restlichen Milch-Sauce und dem Eigelb bestreichen, mit Schwarzkümmel bestreuen. Das **börek** vor dem Backen mit einem scharfen Messer in gleichgroße Stücke schneiden.

5. Bei 180 °C Ober-, Unterhitze auf der mittleren Schiene etwa 35 Minuten goldbraun backen.

Afiyet olsun!

Börek
im Backblech

Passt dazu...
frischer türkischer Tee >s70, **kısır** >s76
oder Gemüsegerichte in Olivenöl

Zutaten

4 Blatt	**yufka** (ca. 500 g **yufka**-Teigblätter)
3 St	Eier (ein Eigelb zum Bestreichen aufheben)
250 g	**beyaz peynir** (weißer Salzlakenkäse aus Kuh-, Ziegen-, oder Schafsmilch), gerieben oder zerbröselt
200 ml	Milch
150 g	geriebener Käse (Gouda, Emmentaler o.ä.)
125 g	Butter
2 St	mittelgroße Kartoffeln, gekocht und zerstampft
1 Bund	glatte Petersilie, fein gehackt
5 Bund	frischer Dill, fein gehackt
1 Prise	frisch gemahlener Pfeffer
1 Prise	Chiliflocken (**pul biber**)
1-2 TL	Schwarzkümmel (**çörek otu**), zum Bestreuen auf Wunsch

Tipp: Man kann die Füllung noch mit klein geschnittenen frischen Paprika verfeinern.

VIDEO http://goo.gl/b0TUq

Kurabiye mit Mandeln ~ Süßgebäck
Bademli kurabiye
[baademmli kurabije]

Da es im türkischen Haushalt jederzeit unangekündigt an der Tür klingeln kann, hat man immer etwas **kurabiye** bereit. Wenn Nachbarn oder Freunde mal auf einen Sprung vorbei schauen, wird immer ein Glas **çay** und dazu etwas **kurabiye** angeboten. Süß, salzig oder pikant – **kurabiye** findet man in ganz in verschiedenen Formen. Die süße Variante ist vergleichbar mit den Plätzchen aus der deutschen Küche.

Kurabiye
Süßgebäck

Passt dazu…
…ein Glas türkischer Tee > s70

Zubereitung

1. Ein Ei, ein Eiweiß mit dem Zucker und dem Joghurt vermengen. Rühren bis sich der Zucker aufgelöst hat. Sonnenblumenöl, Backpulver, Vanillezucker, Zitronenschale und Margarine hinzugeben und vermischen.

2. Nun das Mehl und die gehobelten Mandeln langsam beifügen und kneten, bis es ein elastischer, weicher Teig wird. Im Türkischen sagt man: es muss die Konsistenz eines Ohrläppchens haben.

3. Kleine Stücke vom Teig nehmen und formen, als Schleifchen, Plätzchen, Schnecken, etc. einzeln mit etwas Platz dazwischen auf einem Backblech ausbreiten und mit dem Eigelb bestreichen.

4. Bei 175 °C ca. 40 Minuten goldbraun backen, abkühlen lassen. In einem luftdichten Behälter aufbewahren. Mit einem heißen Glas **çay** kann man die **kurabiye** genießen.

Afiyet olsun!

Zutaten

750 g	Mehl
2 St	Eier (ein Eigelb zum Bestreichen aufheben)
1 PK	Backpulver
1 PK	Vanillezucker
300 g	Zucker
250 g	pflanzliche Margarine, Zimmertemperatur
250 g	**süzme yoğurt** (10 % Fettgehalt), auch bekannt als stichfester Joghurt oder Sahnejoghurt
50 g	gehobelte Mandeln
2 EL	Sonnenblumenöl
½ St	Zitronenschale, fein gerieben

Herzhafte Kurabiye (Plätzchen) nach Gärtnerart

Bahçıvan kurabiyesi

[bachtschehwann kurabijesi]

Kurabiyes *gibt es in vielen verschiedenen Variationen. Süß, mit Nüssen, Schokolade, getrocknetem Obst, salzig, gefüllt mit Schafskäse, Oliven, Kräutern oder Ähnlichem.*
Bahçıvan Kurabiyesi *ist eine salzig-herzhafte Variante. Den Namen „Gärtner Gebäck" verdient diese* **kurabiye**, *weil sie aus vielen Kräutern besteht.*

Zubereitung

1. In einer tiefen Schüssel weiche Butter, ein Ei und ein Eiweiß, mit dem geriebenem Käse verrühren. Backpulver, Joghurt, ⅔ des Mehls dazugeben und gut durchkneten bis man einen weichen homogenen Teig hat.

2. Anschließend die fein gehackten Kräuter dazu geben und nochmals gut durchkneten. Bei Bedarf auch das restliche Mehl beifügen. Der Teig sollte eine weiche Konsistenz haben, nicht kleben und auch nicht zu bröckelig sein.

3. Den Teig ca. 1,5 cm dick ausrollen, mit verschiedenen Formen ausstechen und auf ein mit Backpapier ausgelegtes Blech legen.

4. Mit Eigelb bestreichen, Sesamkörner und Schwarzkümmel darüber streuen. Bei 175 °C ca. 15-20 Minuten goldgelb backen. Vorsicht sie dürfen nicht zu trocken werden! Diese herzhaften *kurabiye* schmecken am besten frisch aus dem Ofen, also nicht auf Vorrat backen!

Tipp: Alternativ kann man den *kurabiye*-Teig auch mit einer Schafskäse-Petersilie-Füllung versehen und kleine Teigtaschen daraus formen. Die Backzeit verlängert sich dann eventuell etwas.

Herzhafte Kurabiye

Dazu passt...
semizotu salatası >s178
ayran >s150 oder
çay >s86 trinken

25' VORBEREITUNG
20 ZUBEREITUNG
6-8 PORTIONEN

Zutaten

150 g	weiche Butter oder Margarine
100 g	Emmentaler, gerieben
2 St	Eier (davon ein Eigelb zum Bestreichen)
1 PK	Backpulver
1 EL	Joghurt, 3,5%
350 g	Mehl
½ Bund	glatte Petersilie, fein gehackt
½ Bund	Dill, fein gehackt
5 St	Frühlingszwiebeln, fein gehackt
1 EL	Sesamkörner oder Schwarzkümmel (**çörek otu**) zum Bestreuen

Şekerpare – Süßes Gebäck in Sirup
Şekerpare
[scheckerpare]

*Besonders während Ramadan oder Festtagen werden solche Desserts wie **şekerpare** gerne zubereitet. Die Zubereitung zu Hause ist recht einfach. **Şekerpare** ist zugleich auch ein Kosewort, frei übersetzt bedeutet **şekerpare** soviel wie „Zuckerstückchen" und sinngemäß "Sahneschnitte". Da dieser Nachtisch meist auch sehr süß ist und viele Kalorien enthält, sollte man nicht mehr als ein bis zwei Stück davon essen.*

Süßes Gebäck in Sirup

Passt dazu...
ein Glas türkischer Tee

Zutaten

250 g	Mehl
125 g	weiche Butter
2 St	mittelgroße Eier
1 EL	Zucker
1 PK	Vanillezucker
1 PK	Backpulver
1 Handvoll	Haselnüsse, zur Deko
Für den Sirup:	
½ St	Zitrone, frisch gepresst
500 g	Wasser
375 g	Zucker

Zubereitung

1. Für den Sirup den Zucker und das Wasser in einen Topf geben. Kochen bis sich der Zucker aufgelöst hat und es dickflüssiger wird. Zitronensaft dazugeben und abkühlen lassen.

2. Mehl, Butter, Eier, Zucker, Vanillezucker und Backpulver zu einem weichen Teig verkneten der nicht klebt. Daraus walnussgroße Stücke entnehmen, ovale Portionen formen und in ein gefettetes Backblech legen. Je eine Haselnuss in die Mitte der Teigstückchen drücken.

3. Im vorgeheiztem Backofen ca. 30 Min bei 180 °C Ober-, Unterhitze backen bis sie leicht goldbraun werden.

4. Blech aus dem Ofen nehmen und prompt die warmen Şekerpare mit dem kalten Sirup übergießen. Ab und an mit einem Löffel erneut befeuchten bis der Sirup fast vollständig aufgesogen ist. Nach dem Abkühlen servieren.

Afiyet olsun!

Süße Röllchen mit Engelshaar und Walnüssen

Yufkalı kadayıf sarması

[juffkaleh kadajeff ßarrmaßeh]

Kadayıf sind dünne Teigfäden, die man zu diversen Desserts verarbeiten kann. Sie erinnern an Engelshaar oder Glasnudeln, weswegen sie auch als Engelshaar übersetzt wird. Sehr beliebt ist auch die Süßspeise **künefe**, die mit **kadayıf**-Teigfäden und einem speziellen Käse, ähnlich einem Mozzarella, zubereitet wird.

Süße Röllchen
mit Engelshaar und Walnüssen

Passt dazu...
...türkischer Tee >s70 und vielleicht noch ein Klacks **kaymak** (wahlweise geht auch Mascarpone)

AUFWAND
25' VORBEREITUNG
30 ZUBEREITUNG
12 PORTIONEN

Zubereitung

1. Wasser und Zucker ca. 20 Minuten einkochen, Zitronensaft hinzugeben und weitere 5-10 Minuten auf dem Herd köcheln lassen. Kurz bevor man es vom Herd nimmt noch die Bourbon Vanille unterrühren.

2. In der Zwischenzeit die Butter in einem kleinen Topf schmelzen. Die Teigfäden (**kadayıf**) aus der Packung nehmen, auseinanderzupfen und in ca. 2-3 cm große Stücke reißen (oder schneiden). Butter mit den Teigfäden vermengen und richtig durchmischen.

3. Das **yufka**-Blatt auf einer geraden Fläche ausbreiten und ca. 1/3 des **yufka**-Blattes gleichmäßig mit der Hälfte der gebutterten Teigfäden belegen. Anschließend noch die Hälfte der grob gehackten Walnüsse über die Teigfäden verteilen und den **yufka**-Teig vorsichtig aber fest aufrollen. Die Rolle mit etwas flüssiger Butter bestreichen. Danach ca. 2 Finger breite Scheiben daraus schneiden, drehen und mit der breiten Seite auf das Backblech legen. Die ganze Prozedur bei dem zweiten **yufka**-Blatt wiederholen.

4. Das Backblech in den vorgeheizten Ofen bei ca. 200°C Ober-, Unterhitze goldgelb backen. Auf das noch heiße Backwerk den Sirup vorsichtig verteilen. Nach einer Weile kann man die Süßspeise um 180 °C drehen damit sie von allen Seiten den Sirup aufsaugen. Sobald sie den Sirup aufgesaugt haben, kann die Süßspeise mit einer ganzen Walnuss oder gehackten Pistazien dekoriert servieren.

Afiyet olsun!

Zutaten

2 St	**yufka**-Teigblätter
300-350 g	**tel kadayıf** (Teigfäden oder auch Engelshaar genannt, findet man in türkischen Lebensmittelgeschäften)
150 g	Butter
250 g	Walnüsse, grob gehackt
	Für den Sirup
2 Glas	Zucker
2 Glas	Wasser
⅓ St	Zitrone, frisch gepresst
1 Packung	Natürliches Bourbon-Vanille Aroma (5g) oder Bourbon Vanilezucker

Ganze Walnüsse oder Pistazien, zum Garnieren

Tipp: Je nach Wunsch kann man in den fertigen Sirup etwas Orangenschale reiben und einen guten Schuss Orangensaft.

Kahvaltı Sofrası
Frühstückstafel

Die türkische Art zu frühstücken ist mir die liebste. Bunt, gesund und abwechslungsreich, so erinnere ich mich an die ausgiebigen und opulenten Frühstückstafeln meiner Familie. Und natürlich auch an die Worte meiner Mutter, die sagte: **"Kahvaltı yapmazsan dersler aklına girmez"**, was soviel heißt wie, „Wenn du nicht richtig frühstückst, bekommst du in der Schule nichts in deinen Kopf.".

Türkisch Frühstücken funktioniert etwas anders als Deutsch. Eigentlich braucht man kein Messer, weil alles schon in kleine Häppchen geschnitten auf den Tisch kommt, selbst das Frühstücksei ist schon gepellt und portioniert. Man nimmt sich von allem einfach etwas auf seinen Teller und los geht's. Die Gabel in der einen Hand und etwas frisches Weißbrot (oder Fladenbrot) wird, nicht etwa wie in Deutschland üblich, mit dem Belag bestrichen, sondern ein Stück davon wird abgebrochen und einfach in hausgemachtes *reçel* (Marmelade), *bal* (Honig) oder *menemen* (Pfannengericht mit Rührei und Gemüse) getunkt. Welch sinnlicher Genuss!

Man nimmt ein Stück vom Käse (**beyaz peynir**, **kaşar peynir**, **tulum peynir** oder ähnliches), **zeytin** (schwarze oder grüne Oliven) und ganz wichtig vom **söğüş** (frisch geschnittene Tomaten, kleine Gurken und Kräuter zum knabbern) dazu. Außerdem gehören auch Wurstspezialitäten wie **pastırma** (stark gewürztes Rinder-Dörrfleisch), **salçalı sosis** (Mini Cocktailwürstchen in Tomatensoße) und natürlich **sucuklu yumurta** (Spiegeleier mit einer leicht scharfen Knoblauch-Rinderwurst) zu einem typisch türkischem Frühstück dazu. Jeder Happen wird auf diese Weise individuell, ich vergleiche das gerne ein bisschen mit Raclette.

Das Ganze geht dann, naja zumindest am Wochenende, einige Stunden so weiter. Fast wie bei einem Brunch, für das man eine Flatrate hat. Als Kind fand ich es besonders schön mit beiden Eltern und Geschwistern so ins Wochenende zu starten. Später, als dann das Satellitenfernsehen mit den türkischen Programmen in Deutschland empfangbar wurde, saßen alle am Esstisch und schauten nebenbei noch Lifestyle-Entertainment Programme, wo man alles über Stars und Sternchen erfuhr. Heutzutage undenkbar und pädagogisch nicht sehr wertvoll, aber damals war es für mich und meine Schwestern das Größte.

Auf so einer Frühstückstafel findet man deftiges, süßes, frittiertes Gemüse wie Kartoffelspalten, frische Salate, Teigwaren wie **poğaca** (Schafskäse-Brötchen) und **simit** (Sesamkringel), sogar Suppen sind keine Seltenheit. Die Suppen sind sehr reichhaltig an Zutaten, sättigen und geben Kraft für den Tag.

Etymologisch gesehen setzt sich das türkische Wort **kahvaltı** für Frühstück, aus „kahve altı" zusammen, was sinngemäß „Grundlage für den Kaffee" bedeutet. Das geht wohl darauf zurück, dass man früher vor dem Kaffee noch etwas gegessen hat, damit der Kaffee nicht zu sehr auf den Magen schlägt. Seit Anfang des 20. Jahrhunderts wird in der Türkei zum Frühstück üblicherweise schwarzer Tee statt Kaffee getrunken. Aufgebrüht im **çaydanlık**, einer Art Samowar, kann jeder den Grad der Stärke selber variieren. In kleinen, tulpenförmigen Teegläsern serviert, lässt er sich ganz entspannt und authentisch genießen. Heiß und frisch muss er sein. Mit seinem charaktervollen Aroma ist er nicht nur bei Einheimischen sehr beliebt.

Orkide Tançgil

Rezepte in diesem Kapitel

Tarhana çorbası **96**

Çoban Salatası **98**

Çökelek salatası **100**

Menemen **102**

Salçalı sosis **104**

Sucuklu yumurta **106**

Poğaça **108**

Tahin pekmez **110**

Rezepte die auch passen
Rote Linsensuppe **176** ~ Gegrillte Sucuk **168** ~ Çay **70**

Tarhana Suppe

Tarhana çorbası
[tarhannah tschorbaseh]

Die Zubereitung des **tarhana**-Mehls geht zurück auf die nomadischen Turkstämme, die diese Art der natürlichen Konservierung nutzten, um eine durchgehend nahrhafte Ernährung für die langen Reisen bei den hohen Temperaturen sicherzustellen. Dabei haben sie wahrscheinlich die Ur-Tütensuppe erfunden. In der türkischen Küche ist die **tarhana çorbası** sehr beliebt und wird regional unterschiedlich zubereitet. Das **tarhana**-Mehl, bestehend aus Weizenmehl, getrocknetem Joghurt, Gemüse und Gewürzen, wird inzwischen auch industriell hergestellt. Man findet sie abgepackt bei vielen türkischen Lebensmittelhändlern.

Zubereitung

1. Das *tarhana*-Mehl im Topf einfach mit kalten Wasser aufgießen und unter ständigem rühren zum Kochen bringen.

2. Auf niedriger Flamme noch ca. 4 Minuten leicht köcheln lassen. Mit Butter, Chiliflocken, *salça*, etwas Salz und Pfeffer abschmecken. Auf dem Teller mit etwas Chiliflocken oder fein gehackter Petersilie garnieren und ganz heiß servieren.

Afiyet olsun!

Tarhana
Suppe

Passt dazu...
...**pide** (frisches Fladenbrot) und **cacık** (Türkisches Tzaziki) >s14

Zutaten

2-3 gehäufte EL	**tarhana**-Mehl (im türkischen Supermarkt)
ca. 500 ml	kaltes Wasser
75 g	Butter
1-2 EL	**salça** (eine Mischung aus Paprika-, und Tomatenmark)
½ TL	Salz
1 Prise	frisch gemahlener Pfeffer
1 Prise	Chiliflocken (**pul biber**)

Hirtensalat
Çoban Salatası
[tschobann ßalatahse]

Der Hirtensalat ist im wahrsten Sinne des Wortes ein evergreen in der mediterranen Küche. Einfach in der Zubereitung, saftig-frisch im Geschmack, gehört er auch zu den beliebtesten Salaten auf türkischen Esstischen. Am Frühstückstisch wird er genauso gern gegessen wie zum Abendessen.

Hirtensalat

Passt dazu...
...frisches Fladenbrot zum Dippen in die Salatsoße

Zubereitung

1. Geschnittenes Gemüse und gehackte Kräuter in eine Schüssel geben. Olivenöl, Zitronensaft und Granatapfelsirup dazu geben, mit Salz und Pfeffer abschmecken.

2. Auf einer Salatplatte anrichten und mit Oliven garnieren.

Afiyet olsun!

Tipp: Wer möchte, kann auch Schafskäse in den Salat würfeln.

Zutaten

3 St	mittelgroße Tomaten, gehäutet und geachtelt
2 St	kleine Gurken (die im türkischen Supermarkt schmecken aromatischer), in Scheiben geschnitten
2 St	grüne Spitzpapkrika, klein gewürfelt
1 St	rote Zwiebel, in dünne Ringe geschnitten
4 St	Frühlingszwiebeln, klein geschnitten
½ Bund	glatte Petersilie, fein gehackt
5 Stängel	frische Minze, fein gehackt
2 EL	Natives Olivenöl Extra
2 EL	Zitrone, frisch gepresst
1 EL	Granatapfelsirup (im türkischen Supermarkt)
1 Prise	Salz und frisch gemahlener Pfeffer
4–6 St	schwarze Oliven zum Garnieren

VORSPEISE/MEZE ~ SALAT/SALATA

Çökelek salatası
Çökelek Salat
[tschöckeleck ßalatahse]

Çökelek ist eine Art Magermilchkäse, der relativ neutral im Geschmack ist. Durch die Zugabe von frischen Kräuter bekommt das **çökelek** eine sehr frische Note. Besonders gerne wird dieser Salat zum Frühstück gereicht.

Çökelek
Salat

AUFWAND
15' VORBEREITUNG
6 PORTIONEN

Dazu passt...
...frisches Brot, Hirtensalat, gekühlte Melonen und ein Glas schwarzer Tee >s70

Zutaten

300 g	**çökelek peyniri** (eine Art Magermilchkäse, im türk. Supermarkt)
2-3 St	Frühlingszwiebeln, ganz fein geschnitten
10 Stängel	glatte Petersilie, ganz fein gehackt
5-6 Stängel	frischer Dill, ganz fein gehackt
3 Stängel	frische Minze, ganz fein gehackt
1 Prise	Chiliflocken (**pul biber**)
1 Prise	Salz und Frisch gemahlener Pfeffer

Zubereitung

1. Den **çökelek**-Käse auflockern und die besonders fein geschnittenen Kräuter und Gewürze untermischen. Frisch servieren.

Afiyet olsun!

Tipp: Verschlossen hält sich der **çökelek**-Salat im Kühlschrank bis zu 3-4 Tage.

Menemen ~ Eier mit Gemüse in der Pfanne

Menemen
[männämänn]

Eier mit Gemüse
in der Pfanne

Passt dazu...
frisches Brot, **beyaz peynir** oder einfach eine Tasse **çay** (Tee) >s70

Menemen ist ein sehr einfaches und schnelles Gericht das extrem variabel gestaltet werden kann, je nachdem was man zuhause hat, oder wonach einem der Sinn steht. Gerade wenn man saisonales Gemüse und frische Kräuter verwendet ist es ein zeitsparendes und trotzdem gesundes Essen.
In der Türkei gibt es *Menemen* zum Frühstück oder manchmal auch als Hauptmahlzeit, wenn es mal schnell zugehen soll.

Zutaten

2 St		grüne oder rote Spitzpaprika, entkernt und gewürfelt
2 EL		Natives Olivenöl Extra
1 St		mittelgroße Zwiebel, klein gewürfelt
1 St		Knoblauchzehe, fein gehackt oder gepresst
2 St		mittelgroße Tomaten, enthäutet und gewürfelt
2 St		Eier
1 Prise		Salz und gemahlener Pfeffer

Zubereitung

1. In einer beschichteten Pfanne das Olivenöl etwas erhitzen, Zwiebeln und Knoblauch dazu geben, 2-3 Minuten später auch die Spitzpaprika. Alles leicht anbraten. Anschließend die gehäuteten, gewürfelten Tomaten in die Pfanne geben und mitkochen bis die Flüssigkeit fast verdampft ist.

2. Für die Eier schon mal zwei kleine Mulden schaffen, damit die Eier direkt auf dem Pfannenboden aufliegen. Die Eier in die Mulden schlagen und bei leichter Hitze und geschlossenem Deckel stocken lassen. Je nach Belieben kann man die Eier vorher auch verquirlen und in die Pfanne geben. Zum Abschluss noch mit Salz und Pfeffer würzen und warm mit frischem Brot servieren.

Afiyet olsun!

Tipp: Man kann das Gericht auch mit 1/4 TL frisch geriebenem Ingwer, Sucukstreifen (türkische Rinderwurst mit Knoblauch), beyaz peynir, ¼ TL Oregano, Minze oder frischer, glatter Petersilie variieren. Viel Spaß beim ausprobieren.

Würstchen in Tomatensoße

Salçalı sosis
[saltschaleh ßossiiss]

Zubereitung

1. Tomaten aus der Dose in einem Topf aufkochen und bei leichter Hitze einreduzieren lassen (ca. 20 Minuten).

2. Die Mini-Cocktailwürstchen an beiden Enden kreuzförmig anschneiden, nicht durchschneiden. Würstchen, **kekik** Gewürz und etwas Zucker in die Tomatensauce geben und weitere 10 Minuten köcheln lassen. Anschließend vom Herd nehmen und die gehackte Petersilie untermischen. Mit gehackter Petersilie als Garnierung heiß servieren.

Afiyet olsun!

Tipp: Wer es scharf mag kann etwas Chiliflocken (**Pul Biber**) hinzufügen.

Würstchen
in Tomatensoße

Passt dazu...
... zum Dippen in die Soße frisches Weißbrot oder **Pide**

Zutaten

200 g	**küçük sosis** (Mini-Cocktailwürstchen)
200 g	geschälte Tomaten aus der Dose
10 Stängel	glatte Petersilie, gehackt
1 Prise	**kekik** (Thymian-Oregano Mischung)
½ TL	Zucker

Spiegeleier mit Sucuk

Sucuklu yumurta
[ßudschucklu jummurta]

Zum türkischen Frühstück wird **sucuklu yumurta** oft gereicht. Sucuk ist eine gut gewürzte Rinderwurst mit Knoblauch. Wenn man einem Türken erzählt, dass man gerade **sucuklu yumurta**, also Spiegelei mit **sucuk** gegessen hat, dann läuft ihm sofort das Wasser im Mund zusammen. Probiert es mal! Es gibt übrigens noch eine weitere Variante die ähnlich lecker schmeckt, **pastırmalı yumurta** (stark gewürztes Rinder-Dörrfleisch).

VIDEO http://goo.gl/VyY1u

Zubereitung

1. Die *sucuk* von der Pelle befreien und in Scheiben schneiden, mit ein wenig Butter (oder ganz ohne) in der Pfanne die *sucuk*-Scheiben beidseitig leicht anbraten. Achtung, nicht austrockenen lassen.

2. Nun die Eier als Spiegelei in die Pfanne schlagen und Paprika dazu geben. Deckel drauf und bei geringer Hitze weiter braten bis das Spiegelei die gewünschte Konsistenz erreicht hat.

3. Zum Schluss die Petersilie, Salz, Pfeffer und *pul biber* dazu geben und mit warmem pide servieren.

Afiyet olsun!

Tipp: Wer mag, der kann auch noch einige kleine Tomatenwürfel hinzufügen.

Spiegeleier mit Sucuk

AUFWAND
10' VORBEREITUNG
10' ZUBEREITUNG
3 PORTIONEN

Passt dazu...
...warmes Fladenbrot und ein Glas türkischer Tee >s106

Zutaten

1 St	**sucuk** (*parmak sucuk* ist eine leicht scharfe Rinderwurst mit Knoblauch), in Scheiben geschnitten
3 St	Eier
50 g	Butter
1 Prise	Salz
1 Prise	Pfeffer
1 Prise	Chiliflocken (pul biber)
1 St	grüne Spitzpaprika, klein gewürfelt
5 Stängel	glatte Petersilie, fein gehackt

Schafskäse-Brötchen
Poğaça
[poatschaa]

Die **poğaça** gehört zu den Spezialitäten, die europaweit in unterschiedlichen Variationen anzutreffen ist. Sie zeichnet sich vor allem durch die Vielfalt an Füllungen aus: Hackfleisch-, Spinat-, Kartoffelfüllung oder auch getrocknete Tomaten mit in die Schafskäsefüllung. Je nach persönlichem Belieben, kann man einiges ausprobieren. Auch die Form kann unterschiedlich ausfallen. Man kann den **poğaças** eine runde Form geben, sie zu Schnecken formen, Hörnchen rollen oder auch kleine Schiffchen machen, wo die Füllung noch teilweise zu sehen ist.

Türkische Schafskäse-Brötchen

Passt dazu...
ein frisches Glas **çay** >s82

Zubereitung

1. Die Hefe in der lauwarmen Milch auflösen und mit den restlichen Zutaten für den Teig in eine Rührschüssel geben. Mit der Hand weichen Teig verarbeiten. Im Türkischen spricht man von der Konsistenz gleich eines „Ohrläppchens". Je nach Bedarf kann man etwas Mehl hinzufügen. Den Teig auf leicht bemehlter Arbeitsfläche nochmals kurz durchkneten und mandarinengroße Kugeln daraus formen (ca. 20 Stück). Die Teigkugeln unter einem Geschirrtuch etwa 30 Minuten ruhen lassen.

2. In der Zwischenzeit die Füllung vorbereiten. Schafskäse in einer Schale zerdrücken, mit fein gehackter Petersilie und Dill gut vermischen.

3. Die Teigkugeln zu einem Kreis von etwa 7-8 cm Durchmesser flach drücken. Jeweils etwa 1 TL von der Käsefüllung in die Mitte geben. Teig zuerst rollen, dann zu einer Schnecke formen und auf das Backblech mit Backpapier legen.

4. Eigelb mit Milch verquirlen und die Gebäckstücke damit bestreichen. Je nach Geschmack mit Sesamkörnern und oder Schwarzkümmel bestreuen.

5. Im vorgeheiztem Backofen bei 180°C ca. 20-30 Minuten gleichmäßig goldbraun backen.

Afiyet olsun!

Zutaten

450 g	Weizenmehl
100 ml	Sonnenblumenöl
100 ml	Milch
150 g	Joghurt (3,5% Fett)
1 PK	Backpulver
½ Würfel	Hefe
½ EL	Salz
1 EL	Zucker
1 St	Eiweiß
	Für die Füllung:
200 g	**beyaz peynir** (weißer Salzlakenkäse aus Kuh-, Ziegen-, oder Schafsmilch), zerbröselt
½ Bund	glatte Petersilie, fein gehackt
½ Bund	frischer Dill, fein gehackt
	Zum Bestreichen:
1 St	Eigelb
1 EL	Milch
1 EL	Sesamkörner oder Schwarzkümmel (**çörek otu**), auf Wunsch zum Drüberstreuen

Süßer Brotaufstrich ~ Dip aus Sesampaste und Traubensirup

Tahin pekmez
[tahıınn peckmes]

Tahin ist eine Paste aus feingemahlenen Sesamkörnern, die alleine konsumiert manchmal etwas herb und bitter schmeckt. Pekmez ist ein Sirup aus eingedicktem Trauben-, Äpfel- und oder Johannisbrotsaft, der natürlich sehr süß schmeckt. Beides zusammen wird tahin pekmez genannt und ist in der Türkei als Brotaufstrich oder Dip sehr beliebt. Sehr vitamin- und kalorienreich findet man ihn oft am Frühstückstisch als Energiehäppchen für einen bevorstehenden anstrengenden Tag.
Man sagt: **Her sabah yerseniz kışın üşümezsiniz**, übersetzt: „Isst man es jeden Morgen, so friert man im Winter nicht!".

Zubereitung

1. Das Glas mit der Sesampaste vor dem Öffnen gut schütteln oder mit einem Löffel gut durchrühren. In eine mittelgroße Schale ca. 100 ml der Sesampaste und ca. 35 ml des Traubensirup geben (Achtung, der Sirup ist sehr flüssig). Kräftig verrühren bis es cremig wird. Mit einem Stück frischer Pide (Fladenbrot) oder Weißbrot servieren.

Afiyet olsun!

Süßer Brotaufstrich

AUFWAND

5'
VORBEREITUNG

4
PORTIONEN

Passt dazu...
...ein Glas türkischer Tee **Seite 70**

Zutaten

100 ml	**tahin** (Sesampaste)
35 ml	**pekmez** (Traubensirup)
etwas	Weiß- oder Fladenbrot

 VIDEO **http://goo.gl/4I1A1**

Rakı Sofrası
Die Rakı-Tafel

Wenn ich an *meze* denke, dann fallen mir die langen Abende mit Freunden und Familie ein. Wie wir uns im Restaurant in der unendlichen Auswahl an *mezes* nicht entscheiden können oder auch die kleinen *meze*, wie z.B. Wassermelone mit *beyaz peynir* und einem Glas *rakı*. Lange Gespräche mit Verwandten über vergangene Tage werden mit dem leichten Rausch und den kleinen Häppchen noch weiter in die Länge gezogen. Slow-Food trifft Soul-Food. Die Zeit ist an diesen Abenden endlos.

Çilingir Sofrası

Der größte Reichtum einer *rakı* Tafel oder einer *çilingir sofrası*, wie man eine solche Tafel auch nennt, liegt in den anregenden und inspirierenden Konversationen am Tisch. Sie bilden den perfekten Rahmen, der durch stimmungsvolle Musik, gutes Essen und Trinken hervorgerufen wird.

Im Allgemeinen beginnt man mit *soğuk meze* (kalte *meze*), die unter anderem aus einfachen Lebensmitteln wie Käse, Tomaten, Oliven und würzigem *roka* (Gartenrauke, meist beträufelt mit Zitronensaft) bestehen können. Aber auch aus vegetarischen Dips und Cremes, die vorrangig aus Joghurt hergestellt werden, frischen Salaten sowie kalten Gemüsegerichten in Olivenöl, den *zeytinyağlı meze*. Wenn die Gespräche anfangen sich zu

vertiefen, folgen die **sıcak meze** (warme **meze**). Sie können wahlweise aus Fisch, Fleisch, Backwaren bzw. Gemüse bestehen. Darauf folgt, je nach Saison und Verfügbarkeit, das Obst. Honig-, oder Wassermelone haben wegen ihrem intensiven, sonnengereiften Aroma einen besonderen Stellenwert. So wie in der italienischen Küche Melonen mit Parmaschinken als Antipasti angeboten werden, so wird in der türkischen Küche Melone mit **beyaz peynir** (weißer Salzlakenkäse aus Schafs-, oder Kuhmilch) gegessen. Ich kann es jedem wärmstens ans Herz legen, besonders an heißen Tagen. Den Abschluss einer solchen Tafel bildet der türkische Mokka.

Zwischen den Gängen und auch während des Essens, trinkt man den **rakı**, nicht erst danach. Wenn man zu der türkischen Spirituose viel isst und trinkt, verzögert sich der Zeitpunkt des Betrunken-Werdens und man bekommt einen angenehm, leichten Rausch. In der Türkei sagt man **yemeden içme** – trink nie, ohne zu essen.

Der traditionelle Ort für eine solche çilingir sofrası ist meist die **meyhane** (eine Art Taverne). Aber auch zu Hause ist so eine Tafel durchaus beliebt. Wir bereiten gerne **rakı** Tafeln für Freunde und Bekannte vor. Es ist eine sehr gemütliche und gesellige Art zu speisen, bzw. zu genießen. Man ist stundenlang beisammen, man reicht sich gegenseitig die kleinen Häppchen und bei der großen Auswahl an **meze** fällt jede Tafel überraschend anders aus.

Rakı ~ Löwenmilch für die tapfere Frau oder den tapferen Mann

Rakı wird aus edelsten Rosinen, Trauben und würzigen Anissamen hergestellt. Seinen unverwechselbaren lakritzähnlichen Geschmack bekommt die türkische Spezialität, durch die zweifache Destillation, dem Zusatz von Anis und die monatelange Reifung in Eichenholzfässern. Die klare Anis-Spirituose enthält 40-50% Alkohol und wird seit dem 15. Jahrhundert gebrannt. Sie verbreitete sich im Osmanischen Reich, ausgehend von den Hafenstätten, über den gesamten Mittelmeerraum. **Rakı** wird mit Wasser verdünnt oder pur mit einem zusätzlichen Glas Wasser getrunken. Beim Vermischen mit Wasser oder durch starkes Kühlen erhält er die typisch milchig-weiße Trübung, deswegen wird er von den Türken auch **aslan sütü** (auf deutsch **Löwenmilch** oder **Milch für den tapferen Mann**) **genannt**. Die echten Genießer, dazu gehören natürlich auch wir, benutzen einen **ehl-i keyf** (auf Deutsch Genießer). Das ist ein zylindrisches Gefäß aus Metall (meist aus Kupfer), mit dem man das schlanke und hohe **rakı**-Glas kühlt.

Meze ~ kleine, köstliche Vorspeisen aus der türkischen Küche

Meze sind Appetithäppchen, die auf vielen kleinen Tellern serviert werden. Verteilt über einen ganzen Abend, können so über 30-40 Köstlichkeiten zusammenkommen. Sie entsprechen in etwa den **Tapas** in Spanien. Zu den **meze** wird wahlweise frisches **lavaş**, **pide** oder Weißbrot gereicht.

Auf einer **rakı** Tafel dienen türkische **meze** nicht nur der Appetitanregung, sie haben ihre eigene Daseinsberechtigung. Meiner Meinung nach entscheiden sie über den Erfolg oder Misserfolg guter Konversationen am Tisch, da sie den maßvollen und langsamen Genuss des Alkohols erst ermöglichen. Man kann ruhig sagen, je besser die Auswahl und Zubereitung der **meze**, desto besser der Ausklang des Abends.

Meze bilden im Grunde genommen einen kulinarischen Querschnitt über die landestypischen Speisen. So wundert es auch nicht, dass bei einem Istanbuler Event, 1515 verschiedene **meze** als Rekord zubereitet und ins Guinness Buch der Rekorde eingetragen wurden.

Die meisten sind recht einfach und schnell zubereitet. Aber auch anspruchsvollere Rezepte sind dabei. Mit einigen unserer Rezepte kann man eine solche **çilingir sofrası** farbenfroh und geschmackvoll zubereiten.

Hier einige Beispiele für **kalte meze:**

- cacık >s14
- haydari >s124
- piyaz >s72
- baba gannuş >s126
- antep ezmesi >s122
- yoğurtlu ıspanak >s116
- zeytinyağlı yaprak dolması
- zeytinyağlı barbunya
- rus salatası >s120
- imam bayıldı >s180
- şakşuka >s118

Hier einige Beispiele für **warme meze:**

- paçanga böreği >s182
- sigara böreği >s140
- arnavut ciğeri >s138
- mücver >s132
- mangalda peynirli mantar >s158
- karides güveç
- içli köfte >s134

Und nun viel Spaß beim Trinken oder wie wir Türken sagen **şerefe!**

Orkide Tançgil

Rezepte in diesem Kapitel

 Yoğurtlu Ispanak 116

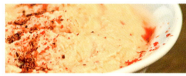 Humus 130

 Şakşuka 118

 Kabak mücveri 132

 Rus salatası 120

 İçli köfte 134

 Antep ezmesi 122

 Arnavut ciğeri 138

 Haydari 124

 Sigara böreği 140

 Baba gannuş 126

 Künefe 142

 Mercimekli köfte 128

 Türk kahvesi 144

Rezepte die auch passen
Tscherkessisches Huhn mit Walnuss-Pürree 50 ~ Möhren-Joghurt-Creme 74 ~ Türkischer Kartoffelsalat 12 ~ Portulak Salat 178 ~ Frauenschenkel Frikadellen 186

Spinat-Joghurt Salat
Yoğurtlu Ispanak
[jourtlu espanack]

Spinat-Joghurt Salat

AUFWAND ♨♨♨
10' VORBEREITUNG
10' ZUBEREITUNG
4 PORTIONEN

Passt dazu...
Hähnchenkoteletts **>s56**,
köfte >s164, sowie frische Salate

Yoğurtlu ıspanak ist eine cremige und sehr erfrischende meze variante, mit der sie ganz sicher bei Familie und Freunden punkten können.

Zutaten

500 g	frischer Spinat, grob gehackt
2 EL	Natives Olivenöl Extra
6 EL	**süzme yoğurt** *(10% Fettgehalt, auch bekannt als stichfester Joghurt oder Sahnejoghurt)*
1 St	Knoblauchzehe, gepresst
1 Prise	Salz und gemahlener Pfeffer

Zubereitung

1. Den frischen Spinat mit viel Wasser waschen, putzen, grob hacken und im Sieb stehen lassen.

2. Das Olivenöl in einen flachen Topf geben, den Spinat mit Salz und frischem Pfeffer ca. 10 Minuten zugedeckt dünsten. Den Topf beiseite stellen, das überschüssige Wasser im Spinat abgießen und abkühlen lassen.

3. In einem anderen Gefäß den Joghurt mit der gepressten Knoblauchzehe anmischen. Spinat und Joghurt gut mischen, in den Kühlschrank stellen und kalt servieren.

Afiyet olsun!

Tipp: Mit gehackten Walnüssen, Chiliflocken oder Kräutern bestreut anrichten, frisches Fladenbrot zum Dippen dazu reichen.

VORSPEISE/MEZE

Şakşuka ~ Gebratenes Gemüse mit Joghurt

Şakşuka
[schackschuka]

Das leckere **şakşuka** ist eine variable Sommerspeise, die aus gebratenem Gemüse besteht. Nahezu jede Region hat unterschiedliche Versionen von **şakşuka**. Sie besteht hauptsächlich aus Auberginen, Tomaten und Paprika, aber man kann sie zusätzlich mit Zucchini und Kartoffeln aufpeppen. Sowohl kalt als auch warm ist es als Vorspeise oder Beilage immer ein geschmacksintensives Vergnügen.

Zubereitung

1. Zuerst den Stielansatz der Auberginen entfernen. Anschließend in 2 cm große Stücke würfeln und für ca. zwei Stunden in stark gesalzenes Wasser legen. Mit einem Küchentuch trocken tupfen.

2. Die Tomaten kreuzweise einschneiden mit kochendem Wasser übergießen und enthäuten, anschließend klein würfeln. In einer Pfanne etwas Olivenöl erhitzen. Tomatenwürfel, Salz, Zucker, Oregano, Chiliflocken und gemahlener Pfeffer hinzufügen. Bei mittlerer Hitze schmoren bis eine dickflüssige Tomatensoße entsteht. Fein gehackte Petersilie unterheben und vom Herd nehmen. Eventuell noch abschmecken.

3. Öl in einer Pfanne erhitzen, Auberginen und Spitzpaprika darin anbraten. Auf Küchenkrepp abtropfen lassen.

4. In einer Servierschüssel schichtweise die angebratenen Auberginen und die Tomatensauce anrichten. Joghurt mit den gepressten Knoblauchzehen in einer weiteren Schale verrühren.

Afiyet olsun!

Tipp: Entweder warm oder kalt aus dem Kühlschrank mit **pide** oder frischem Brot servieren, den Knoblauch-Joghurt dazu reichen.

Gebratenes Gemüse mit Joghurt

AUFWAND
15′ VORBEREITUNG
30′ ZUBEREITUNG
4 PORTIONEN

Passt dazu…
Ayran >s150 oder **rakı** als Getränk und ein Hauptgericht mit Fleisch

2 St	mittelgroße Auberginen
4 St	grüne Spitzpaprika, grob gewürfelt
4 St	reife Tomaten, geschält und in kleine Stücke gewürfelt (oder eine Dose geschälte Tomaten)
1 TL	Zucker
1 TL	Salz
½ TL	**kekik** (Thymian-Oregano Mischung)
1 Prise	frisch gemahlener Pfeffer
1 Prise	Chiliflocken (**pul biber**)
⅛ Bund	glatte Petersilie, fein gehackt
2 St	Knoblauchzehe, fein gehackt oder gepresst
300 gr	**süzme yoğurt** (10% Fettgehalt), auch bekannt als stichfester Joghurt oder Sahnejoghurt
etwas	Olivenöl zum Anbraten

Russischer Salat
Rus salatası
[russ ßalattaseh]

Das türkische Rezept für **rus salatası** ist die abgewandelte Form des auch als Oliviersalat bekannten Salats vom französischen Koch Lucien Olivier, den er um 1860 im zaristischen Russland kreiert hat. Heutzutage enthält das Rezept nur die obligatorischen Zutaten: gekochte und klein geschnittene Kartoffeln, gekochte Karotten, grüne Erbsen, Salzgurken, hart gekochte Eier und Salatmayonnaise.

Als Vorspeise wird es oft am **Rakı**-Tisch als **meze** mitgegessen, aber auch am opulent gedeckten Neujahrstisch hat es sich bei einigen Familien als Tradition eingebürgert.

Russischer
Salat

Passt dazu...
...andere **meze**-Sorten oder auch Fleisch- und Hühnchengerichte.

Zutaten

6 St	mittelgr. Kartoffeln (fest kochend), gekocht und klein gewürfelt
2 St	mittelgr. Möhren, gekocht und klein gewürfelt
100 g	grüne Erbsen
10 Stk	eingelegte Gurken aus dem Glas, klein gewürfelt
200 g	Salatmayonnaise
1 St	Zitrone, frisch gepresst
1 EL	mittelscharfer Senf
1 TL	Salz
1 Prise	frisch gemahlener Pfeffer
1 St	Ei, hart gekocht zum Garnieren

Zubereitung

1. Kartoffeln in der Schale kochen bis sie durch sind, anschließend abkühlen lassen, schälen und würfeln.

2. Möhren, Erbsen und das Ei getrennt voneinander kochen bis sie durch sind, anschließend abkühlen lassen. Danach die Möhren und Gurken kleinschneiden.

3. In einer großen Servierschüssel Mayonnaise, den Zitronensaft mit dem Senf mischen. Kartoffeln, Erbsen, Möhren und Gurken zu der Mayonnaise-Mischung geben und behutsam umrühren. Mit Salz und Pfeffer abschmecken. Das hart gekochte Ei vierteln und auf den Salat drapieren.

4. Vor dem Servieren sollte der russische Salat mindestens eine Stunde im Kühlschrank abgedeckt einziehen.

Afiyet olsun!

Tipp: Man kann auch noch kleingewürfelte **sosis** (eine Art türkische Fleischwurst) dazugeben.

Feurig-scharfe, fruchtige Gemüse-Salsa

Antep ezmesi
[antepp esmessi]

Die Zutaten dieser beliebten kalten Vorspeise werden für gewöhnlich mit der Hand geschnitten, damit die Salsa nicht verwässert und an Geschmack verliert. **Antep ezmesi** stammt aus dem Osten der Türkei, wo aufgrund der heißen klimatischen Bedingungen salziger und schärfer als im Rest des Landes gegessen wird. Besonders an einer **rakı**-Tafel mit verschiedenen Vorspeisen ist **Antep ezmesi** ein Klassiker.

Zubereitung

1. Alle Zutaten ganz fein schneiden und gut durchmischen, mit Salz und Pfeffer abschmecken. Mit Kräutern bestreut anrichten und frisches Fladenbrot dazu reichen.

Feurig-scharfe, fruchtige
Gemüse-Salsa

20' VORBEREITUNG
6 PORTIONEN

Passt dazu…
gegrilltes Fleisch (Kebap)
Diverse Vorspeisen, besonders gut jedoch mit Joghurt, um die Schärfe etwas abzumildern.

Zutaten

6 St	Tomaten, gehäutet, entkernt und ganz klein gewürfelt (Saft wegschütten…das verwässert sonst die Vorspeise zu sehr)
je 1 St	rote und grüne Spitzpaprika (auf Wunsch auch eine scharfe Peperoni)
2 EL	**salça** (eine Mischung aus Paprika- und Tomatenmark)
2 St	mittelgroße Zwiebeln, ganz fein geschnitten
1 Bund	Petersilie, fein gehackt
3 Stängel	frische Minze, fein gehackt
1 TL	Chiliflocken (**pul biber**)
1 TL	**kekik** (Thymian-Oregano Mischung)
1 TL	Granatapfelsirup (**nar ekşisi** im türk. Supermarkt)
40 g	Natives Olivenöl Extra
½ St	Zitrone, frisch gepresst
	Salz und Pfeffer

Tipp: Schmeckt auch als Brotaufstrich und hält sich im Kühlschrank ca. eine Woche. Den Schärfegrad kann man ganz gut selber mit den jeweiligen Zutaten steuern.

Pikante Joghurt-Käsecreme

Haydari
[hajdaarï]

Haydari ist eine Vorspeise, die auf keinem **meze**-Menüv fehlen darf. Die Mischung aus Joghurt, **beyaz peynir**, Dill und Knoblauch ergibt einen leichten Brotaufstrich. Besonders gut schmeckt es mit frischer Pide.

Pikante Joghurt-, Käsecreme

Passt dazu...
...ein Glas **rakı**, viele andere Vorspeisen und ofenfrisches Fladenbrot

AUFWAND
15' VORBEREITUNG ZUBEREITUNG
2 PORTIONEN

Zubereitung

1. Den **beyaz peynir** in einem Teller mit einer Gabel zerdrücken und zum Joghurt in eine Schale geben. Gut verrühren!

2. Gepressten Knoblauch, fein gehackter Dill, Petersilie und Olivenöl unterrühren, mit Salz und Pfeffer abschmecken.

3. Mit etwas Dill und einigen Tropfen Olivenöl garnieren. Dann ca. einen Tag im Kühlschrank ziehen lassen.

Afiyet olsun!

Tipp: Mit dem Zusatz von einem Esslöffel getrockneter Minze wird diese **meze** verfeinert. Sollte man auch mal probieren, lecker!

Zubereitung

250 g	**süzme yoğurt** (10 % Fettgehalt), auch bekannt als stichfester Joghurt oder Sahnejoghurt
250 g	**beyaz peynir** (weißer Salzlakenkäse aus Kuh-, Ziegen-, oder Schafsmilch), zerdrückt
1 St	Knoblauchzehe, fein gehackt oder gepresst
4-5 Stängel	frischer Dill, fein gehackt
4-5 Stängel	glatte Petersilie, fein gehackt
2 EL	Natives Olivenöl Extra
1 Prise	gemahlener Pfeffer

VIDEO http://goo.gl/snw4O

Auberginensalat
Baba gannuş
[babba gannusch]

Auberginensalat

AUFWAND
10' VORBEREITUNG
30' ZUBEREITUNG
6 PORTIONEN

Passt dazu...
...frisches Fladenbrot, weitere **meze** und ein Glas **rakı** >s112

Baba Gannuş hat einen „arabischen Migrationshintergrund", weshalb man im Süden der Türkei das Gericht auch abu Gannuş nennt. Beides bedeutet schlicht „Vater Gannuş". Das Gericht wird als Vorspeise, **meze**, aber auch zu verschiedenen **kebaps** als Beilage serviert.

3 St	kleine Auberginen
1 St	Knoblauchzehe
1 St	Zitrone, frisch gepresst
6 EL	Natives Olivenöl Extra
1 St	Fleischtomate, klein gewürfelt
1 St	Zwiebel, klein gewürfelt
1 St	Spitzpaprika, klein gewürfelt
1 Bund	glatte Petersilie, fein gehackt
1 Bund	frische Minze, fein gehackt
1 TL	gemahlener Kreuzkümmel (Cumin)
½ TL	Chiliflocken oder Paprikapulver, edelsüß
1 TL	Salz

1. Die Auberginen mit einer Gabel mehrmals einstechen und im Ofen bei 250 °C auf oberster Schiene erst die eine, dann die andere Seite je 15 Minuten grillen. Sobald die Aubergine weich ist, enthäuten und in grobe Stücke schneiden.

2. Die Auberginenstücke zusammen mit der Knoblauchzehe, Zitronensaft und Olivenöl in einem Küchenmixer pürieren.

3. In einer Schale die pürierte Auberginenpaste mit den restlichen Zutaten mischen. Mit Salz abschmecken und einigen Blättern Petersilie garnieren. Für etwa 30 Minuten in den Kühlschrank stellen.

Afiyet olsun!

Tipp: Statt die Auberginen im Backofen zu grillen, kann man sie auch auf dem Kohlegrill garen.

VORSPEISE/MEZE ~ BEILAGE/ARA SOĞUK

Linsenlaibchen

Mercimekli köfte
[merdschimeckli köffte]

Wahnsinnig leckeres Gericht. Entweder als Hauptspeise oder als Fingerfood, für ein Buffet. Als Mitbringsel für eine Party eignet es sich hervorragend.

Türkische Linsenlaibchen
vegetarisch

AUFWAND: ♨♨♨
VORBEREITUNG: 30'
ZUBEREITUNG: 40'
PORTIONEN: 6-8

Passt dazu...
frische **Salate** oder **meze** >s112

Zutaten

500 g	Rote Linsen
400 g	feiner **bulgur** (**köftelik bulgur**, eine Art Hartweizengrütze)
1,5 l	Wasser
10 EL	Natives Olivenöl Extra
3 EL	**salça** (eine Mischung aus Paprika- und Tomatenmark)
1 TL	Chiliflocken (**pul biber**)
1 St	Zwiebel, fein gehackt
4 St	Lauchzwiebeln, fein gehackt
1 Bund	glatte Petersilie, fein gehackt
1 EL	Salz
2 TL	gemahlener Kreuzkümmel (Cumin)
1 St	Zitrone, zum Garnieren
1 St	Salatherzen, zum Anrichten

Zubereitung

1. Die roten Linsen in einem großen Topf mit Wasser ca. 20 Minuten kochen lassen bis sie weich sind. Vom Herd nehmen, salzen und mit dem feinen **bulgur** vermengen. Deckel schließen und weitere 20 Minuten ruhen lassen, dabei quillt der feine **bulgur** auf.

2. Die Linsen-Bulgur-Mischung mit Olivenöl, **salça** und Chiliflocken vermengen und gut durchmischen bis es eine homogene Farbe angenommen hat. Anschließend Zwiebeln, Petersilie, Lauchzwiebeln, restliche Gewürze zu der Mischung geben, gut vermengen und abschmecken.

3. Aus der Masse kleine Laibchen formen und auf einer flachen Schale mit Salatblättern anrichten. Mit ein paar Scheiben Zitrone garnieren.

Afiyet olsun!

Tipp: Damit die Laibchen nicht an der Hand kleben, kann man sich eine Schale mit Wasser bereitstellen. Darin kann man die Hand dann nach jedem Laibchen etwas anfeuchten.

VIDEO http://bit.ly/KDT-youtube-mercimek-koefte

Hummus ~ Kichererbsen Püree
Humus'
[humuss]

Eines der besten **meze**-Rezepte, die aus dem Nahen Osten ihren Weg zu uns in die türkischen Küchen gefunden hat. Falls man keine getrockneten Kichererbsen zur Hand hat, kann man auch Kichererbsen aus der Dose verwenden.

Kichererbsen Püree
Hummus

...frisches Fladenbrot. Hervorragend geeignet, um mit deftigen Fleischgerichten gegessen zu werden (z.B. **Adana Kebap** >s.166)

AUFWAND
30' VORBEREITUNG
15' ZUBEREITUNG
2 PORTIONEN

Zutaten

250 gr	getrocknete Kichererbsen
100 ml	**Tahin** (Sesampaste)
1 St	Knoblauchzehe
100 ml	Wasser (je nachdem wie dünnflüssig die Sesampaste ist, kann man auch weniger nehmen)
3 EL	Natives Olivenöl Extra
½ TL	Chiliflocken oder ¥, edelsüß
1 TL	gemahlener Kreuzkümmel (Cumin)
1 St	Zitrone, frisch gepresst
1 TL	Salz
1 TL	**sumak** (Gewürzsumach), zum Garnieren

Zubereitung

1. Die getrockneten Kichererbsen über Nacht (12 Stunden) einweichen. Danach mit frischem Wasser etwa eine Stunde (alternativ: 5 Minuten im Schnellkochtopf) kochen bis sie gar sind. Das Wasser abgießen und beiseite stellen.

2. Alle Zutaten im Mixer pürieren, es muss eine geschmeidige Masse entstehen. Bei Bedarf, falls die Masse zu trocken ist, kann etwas vom Kochwasser hinzugefügt werden. Sehr sparsam nachgießen. Eventuell abschließend mit Salz nachwürzen. In eine Servierschale umfüllen, mit **sumak** garnieren und in den Kühlschrank stellen.

Afiyet olsun!

VORSPEISE/MEZE

Zucchinipuffer
Kabak mücveri
[kaback müdschweri]

Kabak mücveri ist ein sehr solides, einfaches Gericht, das fast in jedem Haushalt ab und an serviert wird. Durch den Zusatz anderer Gemüsesorten wie Kartoffeln und Möhren, kann man es leicht variieren.

Zucchinipuffer

AUFWAND
60' VORBEREITUNG
20' ZUBEREITUNG
6 PORTIONEN

Passt dazu…
…**cacık** >s14 oder Joghurt

Zutaten

4 St	Zucchini, geraspelt
2 St	Eier
2 EL	Mehl
½ Bund	glatte Petersilie, fein gehackt
½ Bund	Dill, fein gehackt
1 TL	Chiliflocken (**pul biber**)
1 Bund	Frühlingszwiebeln, klein geschnitten
½ TL	getrocknete Minze
1 TL	Salz
1 Prise	gemahlener Pfeffer
200 ml	Sonnenblumenöl

Zubereitung

1. Zucchini reiben, ½ TL Salz drüberstreuen und mischen, danach ca. eine Stunde stehen lassen. Anschließend in einen feinen Sieb ausdrücken damit der überflüssige Saft abläuft.

2. Zucchini mit weiteren Zutaten wie Eier, Mehl, Petersilie, Dill, Chiliflocken (**pul biber**), Frühlingszwiebeln und getrocknete Minze in einer Schüssel vermengen. Mit Salz und Pfeffer abschmecken.

3. In einer Pfanne das Öl erhitzen. Die Zucchinimasse mit Hilfe eines Löffels in die Pfanne portionieren, von beiden Seiten gleichmäßig goldbraun anbraten. Das überflüssige Fett mit einen Küchenkrepp auffangen. Man kann die Zucchinipuffer warm oder kalt genießen.

Afiyet olsun!

Mit Hackfleisch und Walnüssen gefüllte Bulgurklöße

İçli köfte
[itschli köffteh]

Frei übersetzt könnte man **içli köfte** auch „gefüllte Frikadellen" nennen, die würzige **bulgur**-Spezialität, die aus dem Südosten der Türkei stammt und arabischen Ursprungs ist. Es handelt sich um **bulgur**klöße, die mit Hackfleisch und Walnüssen gefüllt werden.

İçli köfte ist eine sehr geschätzte und aufwändige Spezialität, weswegen sie zu besonderen Anlässen serviert wird. **içli köfte** können Vorspeise wie auch Hauptspeise sein.

Die in kochendem Wasser gegarte Variante schmeckt etwas leichter und saftiger als die angebratene Version, die wiederum durch das Fett intensiver im Geschmack ist. Man achtet in beiden Fällen darauf, dass die Hülle nicht zu dick wird.

Mit Hackfleisch und Walnüssen gefüllte Bulgurklöße

Dazu passt...
Haydari >s124, **cacık** >s14 oder frischer Salat.

AUFWAND: üüü
VORBEREITUNG: 60–90'
ZUBEREITUNG: 15'
10 PORTIONEN

Zubereitung Füllung

1. Hackfleisch in einer Pfanne anbraten und bei mittlerer Hitze auskochen lassen bis das Wasser verdünstet ist. Zwiebeln dazu geben mit Salz, Pfeffer, **pul biber**, getrocknete Minze und Kreuzkümmel würzen und die Butter in kleinen Stücken dazu geben. Hitze abschalten und grob gehackte Petersilie und Walnüsse untermischen. Mit geöffnetem Deckel abkühlen lassen.

2. Anschließend im Kühlschrank eine Nacht aufbewahren. Die Gewürze ziehen richtig durch und die kühle Masse verhindert das reißen der **bulgur**klöße beim späteren Garvorgang.

Für die Füllung:

500 g	gemischtes Hackfleisch (Rind und Lamm)
2 St	Zwiebeln, gewürfelt
½ TL	Salz
½ TL	frisch gemahlener Pfeffer
½ TL	getrocknete Minze
½ TL	gemahlener Kreuzkümmel (Cumin)
1 Prise	Chiliflocken (**pul biber**)
50 g	Butter
100 g	Walnüsse, grob gehackt
1 Bund	glatte Petersilie, fein gehackt

Für die Hülle:

500 g	feiner **bulgur** (**köftelik bulgur**, eine Art Hartweizengrütze)
150 g	Maisgrieß
500 ml	Wasser
150 g	Tartar (Rinderhackfleisch max. 3% Fettanteil)
1 St	Ei
50 g	Mehl
2 EL	**salça** (eine Mischung aus Paprika-, und Tomatenmark)
½ TL	gemahlener Kreuzkümmel (Cumin)
1 Prise	Salz
1 Prise	frisch gemahlener Pfeffer
evtl. 1 TL	Zitronensaft

  VIDEO http://goo.gl/iVDwp

Zubereitung Hülle

3. In einer sehr großen Schale oder einem Blech den **bulgur** und das Maisgrieß vermengen, mit warmem Wasser begießen und abgedeckt ca. 15 Min. ziehen lassen.

4. Mehl, **salça**, Kreuzkümmel, Salz, Pfeffer, das Ei und das Tartar dazugeben, die Masse ausgiebig kneten. Das kann 30 bis 40 Minuten dauern. Zwischendurch falls nötig noch etwas Wasser hinzufügen. Die Masse ist gut, wenn sie eine orangerote Farbe bekommt und leicht feucht ist. Zum Testen kann man eine Kugel formen, auf das Blech werfen und prüfen, ob es haften bleibt ohne auseinander zu brechen.

5. Nun eine walnussgroße Kugel aus der Masse formen. Mit dem Daumen eine Kuhle eindrücken, von innen mit drehender Bewegung ausbeulen, um eine Tulpenform zu erhalten. Vorsichtig mit Hilfe eines Teelöffels die Füllung hineingeben, die Hülle kreisförmig zufalten und mit ein wenig Wasser glatt streichen. Auf einem bemehlten Blech ablegen.

Variante 1: Kochen

6. Wasser im Topf zum Kochen bringen, Salz und ein Schuss Zitronensaft dazu geben. Die Kugeln nun ins Wasser geben, garen bis sie aufsteigen und aus dem Wasser nehmen.

Variante 2: Braten

7. In einer Pfanne mit Pflanzenöl, die Klöße von allen Seiten kross braten.

Afiyet olsun!

Tipp: Mit einem Klacks Joghurt und einem Salat dazu schmeckt es vorzüglich.

Leber Albanische Art
Arnavut ciğeri
[arrnawutt dschiäri]

*Als Hauptgericht oder Vorspeise, die auch gerne zur **Rakı**-Tafel gegessen wird, ist die Leber auf albanische Art ein sehr leckerer und deftiger Genuss.*

Leber
Albanische Art

Passt dazu...
Reis, Tomaten, grüner Salat und frittierte Kartoffeln

Zutaten

500 g	Leber (Lamm- oder Kalbsleber)
3 St	Zwiebeln, in dünne Ringe geschnitten
5 Stängel	glatte Petersilie, fein gehackt
3 EL	Mehl
6 EL	Speiseöl
3 St	Frühlingszwiebeln, fein geschnitten
1 TL	Salz
1 TL	**sumak** (Gewürzsumach)
1 Prise	frisch gemahlener Pfeffer

Zubereitung

1. Die dünnen Zwiebelringe mit Salz bestreuen und einige Minuten stehen lassen. Anschließend unter fließendem Wasser spülen und abtropfen lassen. Mit fein gehackter Petersilie und etwas **sumak** mischen.

2. Die Leber waschen, trocken tupfen und von Haut (dazu mit einem feinen Messer zwischen Haut und Fleisch einstehen, die Haut vorsichtig abziehen) und Sehnen befreien. Die Leber in ca. 2 cm große Stücke schneiden und in etwas Mehl wälzen.

3. Das Öl in einer Pfanne erhitzen und die Leberstücke kurz scharf anbraten, mehrfach wenden und bei mittlerer Hitze 3-4 Minuten fertig braten. Mit einem Schaumlöffel aus der Pfanne heben. Mit Salz und Pfeffer würzen.

4. Die Leber ganz heiß mit dem Zwiebelsalat auf dem Teller arrangieren, mit Frühlingszwiebeln bestreuen und servieren.

Afiyet olsun!

Tipp: Wem rohe Zwiebeln nicht bekommen, der kann die Zwiebeln auch mit der Leber kurz anbraten.

Zigaretten-Börek ~ Gefüllte Teigröllchen

Sigara böreği
[ßiigarra böreeji]

Die gefüllten **yufka**-Teigröllchen findet man als Vorspeise oder auch als Beilage zu unterschiedlichen Anlässen. Knusprig heiß gebraten passen oder auch kalt schmecken sie köstlich. Auch dieses Rezept kann man durch diverse andere Füllungen variieren. **beyaz peynir**-, und Hackfleischfüllung sind wohl die beliebtesten unter ihnen.

Im türkischen Supermarkt gibt es **yufka**-Teigblätter abgepackt im Kühlregal. Die Teigblätter gibt es in dreieckiger Form mit bis zu 20-25 Stück pro Packung oder aber auch in großen, runden Formen. Letzter kann man in je acht dreieckige Teile schneiden.

Zubereitung

1. Zunächst für die Füllung Petersilie hacken, den **beyaz peynir** zerbröseln und beides gut vermengen.

2. Je eines der dreieckigen **yufka**-Blätter leicht mit Milch bepinseln und ca. ein Teelöffel der Füllung längs am Ende verteilen. Rechte und linke Ecke des **yufka** leicht einklappen, dann vom breiten Ende ausgehend bis zur Spitze zusammenrollen. Die Prozedur bei allen **yufka**-Blättern wiederholen bis keine mehr da sind.

3. Die Teigröllchen in einer Pfanne mit reichlich Öl goldbraun braten und auf Küchenkrepp auslegen, damit das überflüssige Fett abtropfen kann. Heiß servieren.

Afiyet olsun!

Tipp: Man kann die Füllung noch mit frisch gehacktem Dill und klein gewürfelter roter Paprika verfeinern.

Tipp 2: Die frisch gefüllten und gerollten **yufka**-Blätter kann man im Gefrierschrank aufbewahren. Kurz vor dem Servieren, lässt man sie 10-15 Minuten bei Zimmertemperatur ruhen und kann sie anschließend in der Pfanne anbraten. So sind die knusprigen Röllchen schnell auf dem Tisch falls unerwartet Besuch auftaucht.

Zigaretten
Börek

AUFWAND

25' VORBEREITUNG
20' ZUBEREITUNG
6 PORTIONEN

Passt dazu...
Meze, Salate und Hauptspeisen mit Hähnchen, Fleisch oder Gemüse

Zutaten

ca. 25 Stück	dreieckige **yufka**-Blätter
200 g	**beyaz peynir**, gerieben oder zerbröselt
1 Bund	glatte Petersilie, fein gehackt
etwas	Milch, zum Bepinseln
etwas	Sonnenblumenöl, zum Anbraten

VIDEO http://goo.gl/yxV6l

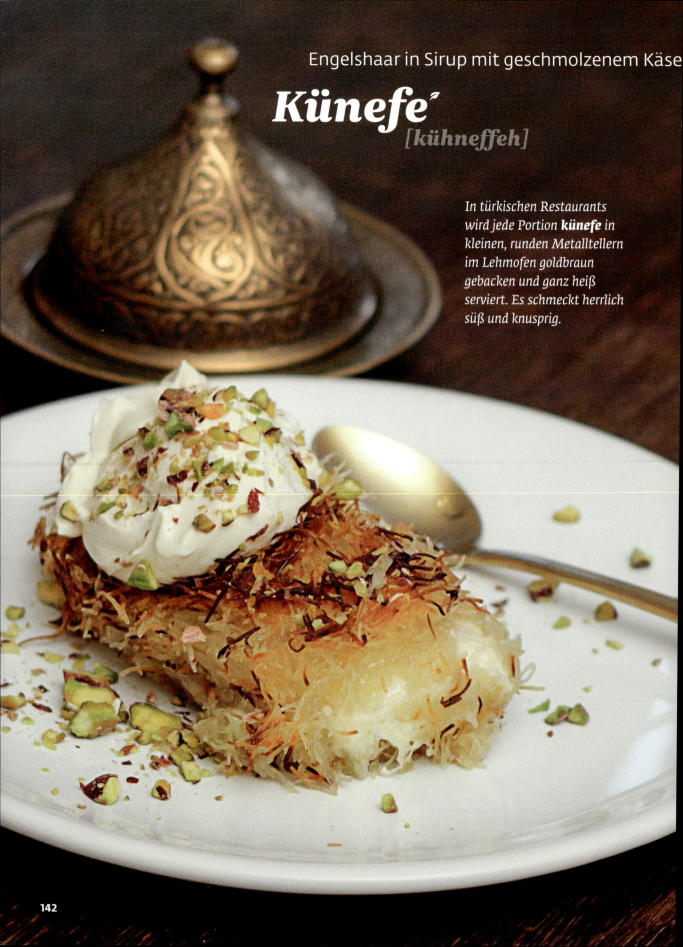

Engelshaar in Sirup mit geschmolzenem Käse

Künefe
[kühneffeh]

*In türkischen Restaurants wird jede Portion **künefe** in kleinen, runden Metalltellern im Lehmofen goldbraun gebacken und ganz heiß serviert. Es schmeckt herrlich süß und knusprig.*

Engelshaar
in Sirup mit geschmolzenem
Käse

Passt dazu...
...türkischer Tee >s70
oder Mokka >s144

Zutaten

300 g	**tel kadayıf** (Teigfäden oder auch Engelshaar genannt, findet man in türkischen Lebensmittelgeschäften)
150 g	zerlassene Butter
300 g	Mozzarella, fein gewürfelt
300 g	**kaymak** (wahlweise geht auch Mascarpone)
100 g	Pistazien, gehackt zum Garnieren
	Für den Sirup
300 g	Zucker
700 ml	Wasser
½ St	Orangenschale, fein gerieben
1 St	Natürliches Bourbon-Vanille Aroma (5g) oder Bourbon Vanillezucker
¼ St	Orange, frisch gepresst

Zubereitung

1. Für den Sirup das Wasser mit dem Zucker im Topf aufkochen und auf mittlerer Stufe köcheln lassen, bis es etwa auf die Hälfte reduziert ist. Dann den Topf vom Herd nehmen, Orangensaft, geriebene Orangenschalen und Vanillezucker einrühren.

2. Gewürfelte Mozzarella und ca. 150 gr. **kaymak** (der restlichen 150 Gramm sind für die Garnitur) in einer Schüssel vermischen.

3. Die gekauften **kadayıf**-Teigfäden in etwa 1-2cm lange Fäden schneiden und etwas auseinanderziehen. In einer tiefen Schüssel mit der geschmolzenen Butter vermischen. Die Hälfte davon in eine ofenfeste Schale (ca. 2 cm Durchmesser) geben und festdrücken. Darauf die Mozzarella-Mischung gleichmäßig verteilen. Anschließend noch die restlichen **kadayıf**-Teigfäden hinzufügen und festdrücken. Das Ganze ca. 25 Minuten im vorgeheizten Ofen bei 180°C goldbraun backen.

4. Die Schale aus dem Ofen nehmen, den heißen Sirup gleichmäßig drüber gießen und anschließend gut abdecken bis der Sirup in den Teig gezogen ist.

5. Mit einem scharfen Messer kleine Portionen herausschneiden und vorsichtig auf einen Teller anrichten. Mit etwas **kaymak** und gehackten Pistazien garnieren, noch warm servieren.

Afiyet olsun!

NACHSPEISE/TATLI

Türkischer Mokka
Türk kahvesi
[türk kahwesi]

Türk kahvesi ist ein spezieller Mokka, der auf ganz eigene Weise zubereitet wird. Er hat einen eigenen Geschmack, also eine eigene Persönlichkeit und auch eine alte Tradition. Die erste Erwähnung findet der Kaffee in Schriften des Mediziners Ibn Sina, der um das Jahr 1000 herum gelebt hat. Europa kam im 17. Jahrhundert durch die Osmanen auf den Geschmack des Kaffees. Der Türkische Mokka wird sehr fein gemahlen. Man fragt den Gast immer, wie süß er ihn haben möchte. **Sade** bedeutet ohne Zucker, **orta şekerli** ein halber Teelöffel und **şekerli** bedeutet ein gehäufter Teelöffel Zucker. Gekocht wird er in einem speziellen Behälter, der **cezve**. Getrunken wird er aus speziellen Mokkatassen. Zum **türk kahvesi** wird immer ein Glas Wasser serviert. Nachdem er serviert wird, wartet man noch eine kurze Weile darauf, dass der Mokka sich in der Tasse setzt um ihn dann zu genießen.

türkischer Mokka

Passt dazu...
alles was süß ist, beispielsweise
kurabiye >s84 oder
ayva tatlısı >s64

Zutaten

1 TL	türkischen Mokka (man beachte: Wir haben einen deutschen TL genommen)
½ TL	Zucker (**orta şekerli** oder **şekerli**)
1 Mokkatasse Wasser	

Zubereitung

1. Man nehme die türkischen Mokkatassen und fülle sie bis zum Rand mit Wasser. Möchte man 2 Tassen Mokka, dann füllt man die Tassen 2 mal. Für jede Tasse nimmt man einen gehäuften Teelöffel (ca. 5 gr.). Wer mag, kann je nach Belieben Zucker dazugeben (siehe **sade**, **orta şekerli**, **şekerli**).

2. Bei kleiner Flamme unter ständigem Rühren aufkochen. Sobald ein Kaffeehäubchen entsteht, verteilt man das Häubchen in die Tassen. Den Kaffee noch einmal bei kleiner Flamme leicht aufkochen und langsam in die Tassen geben, damit das Häubchen sich entfalten kann. Nicht vergessen: Zu jedem türkischen Mokka gehört auch ein Glas Wasser!

Afiyet olsun!

VIDEO http://goo.gl/2QkS

Piknik/Mangal Sofrası
Picknicken und Grillen

Wenn ich an *piknik sofrası* denke, beinhaltet das in der Regel auch *mangal*, den türkischen Grill und die türkische Bezeichnung für das Grillen. Es bedarf keiner besonderen Anlässe, vielmehr steht das Beisammensein meistens mehrerer Familien im Vordergrund, dazu Gegrilltes mit leckeren Beilagen.

Oft reicht eine ansprechende Ecke in der freien Natur aus, um dort die Decken auszulegen und den **mangal** anzuschmeißen. **Burada güzel mangal olur**, ist ein geflügeltes Wort bei Türken, frei übersetzt heißt es in etwa „Hier lässt es sich gut grillen." Wir mögen es halt weniger auf dem Balkon oder nur im eigenen Garten, sondern präferieren Plätze irgendwo im Grünen, die eine entsprechende Möglichkeit zum gemütlichen Miteinander bieten und viel Platz zum Toben für die Kinder.
In Deutschland sind es meistens die öffentlichen Parks in den Ballungsgebieten, wo man Zeuge türkischer Familien-Grillevents werden kann.

Gegrilltes Fleisch hat eine lange Tradition in der Türkei. Schon zu Zeiten unserer mittelasiatischen Vorfahren, führten Reiter einen tragbaren Grill bei sich. Die Entwicklung des Kebap, mit unzähligen jahrhundertealten Rezepten, ist ebenfalls auf das Grillen von Fleisch über offenem Feuer bzw. Kohle zurück zu führen.

Doch was genau kommt denn nun auf den türkischen Grill? Sehr beliebt – oftmals aus Kostengründen – ist Geflügel. Doch auch Variationen vom Rind und Lamm sind typisch, im Besonderen **pirzola**, die zarten Kottelets vom Lamm und **çöp şiş**, die kleinen Fleischstücke vom Rind oder Lamm am Holzspieß. **Köfte** – würzige Frikadellen – und **sucuk**, die pikante türkische Wurstspezialität, dürfen ebenfalls auf keinem Familiengrill fehlen. Grillgut wird prinzipiell auch gewürzt bzw.

mariniert. **Terbiye** heißt der Vorgang im Türkischen, im Deutschen in etwa „gute Erziehung". Wobei man diesen Vorgang eher sparsam einsetzt.

Frischer Fisch ist speziell in den Küstenregionen der Türkei an jeder Ecke erhältlich und ist gegrillt ebenfalls eine Delikatesse.

Typisch gegrilltes Gemüse ist traditionell die Spitzpaprika oder halbe Tomate und Zwiebel. Der **hellim** ist eine delikate Grillkäsespezialität, im Ganzen aber auch z.B. zusammen mit Gemüse als Spieß grillbar.

Doch mein Favorit ist und bleibt **pirzola** oder als Gegenstück zur Bratwurst im Brötchen, einfach nur Sucuk im Fladenbrot. Eine Vielzahl von kalten Speisen, z.B. Salate und Meze werden mitserviert und oftmals frisch vor Ort zubereitet. Sie unterstreichen den Picknick-Charakter und sorgen nebenher dafür, dass sich auch jeder satt und zufrieden der kalten Wassermelone widmen kann, Abschluss und besonderes Highlight speziell an heißen Tagen.

Spätestens jetzt beginnt für die Erwachsenen der gemütliche Teil in Form von heißem schwarzem Tee serviert aus eigens mitgebrachten Teegläsern und gekocht mit dem speziellem Tee-Grillkamin oder Gaskocher. Tee aus Plastikbechern? Undenkbar. Gerne erinnere ich mich an die Tage als Kind zurück, an denen wir Kinder um die fleißigen Eltern und Großeltern bei Ihren Vorbereitungen herum turnten, voller Ungeduld auf die leckeren Sachen vom Grill. So kam es, dass wir Kinder oftmals schon probieren durften, bevor für alle serviert wurde.

Nach dem Essen wird auch heute noch gemeinsam musiziert oder Volleyball bzw. eine Art Völkerball **yakar top** gespielt. **Yediklerini eritmek** nennt das der Türke, er meint damit den Instant-Kalorienverbrennungsversuch im Anschluss an das nicht selten opulente Mahl. Meistens nicht erfolgreich und vielmehr ein lustiger Anblick satter Männer und Frauen zwischen 40 und 50, die etwas übermotiviert und ungelenk einem Ball hinterherlaufen und ihren Kindern, die sich bei diesem Anblick vor Lachen fast nicht mehr einkriegen können.

Das Grillen auf Türkisch ist für mich zeitlos und auch heute ist das gemeinsame **piknik** etwas Besonderes für Alt und Jung. Dabei sind all die leckeren Grillspezialitäten ein Aspekt von vielen, die gemeinsamen Aktivitäten rund um die Zubereitung herum, sind fast genauso wichtig.

Yusuf Şahin

Rezepte in diesem Kapitel

 Ayran 150

 Mangalda pirzola 162

 Meyveli mercimek salatası 152

 Köfte 164

 Hellim şiş 154

 Adana kebap 166

 Mangalda mısır 156

 Mangalda sucuk 168

 Mangalda peynirli mantar 158

 Seniha annenin elmalısı 170

 Mangalda tavuk şiş 160

Rezepte die auch passen
Lasen-Börek ~ Süße Filoteigschnitten mit Milchcreme-Füllung **194** ~ Hirtensalat **98** ~ Türkisches Joghurtgetränk **150** ~ Börek im Backblech **82** ~ Türkischer Tee **70**

Türkisches Joghurtgetränk
Ayran´
[ajrann]

Der **Ayran** ist das eigentliche Nationalgetränk der Türken. Hauptsächlich wird er in der Türkei getrunken, aber auch im Umland gibt es leicht abgeänderte Varianten davon, Dough (Iran) , Lassi (Indien), Laban (Jordanien), etc. Er besteht einfach aus Joghurt, Wasser und Salz. Im Sommer als kaltes Getränk und zu scharfen, bzw. deftigen Fleischgerichten (Kebab) passt es wunderbar.

Türkisches Joghurt getränk

AUFWAND ✰✰✰
VORBEREITUNG 5'
PORTIONEN 2

Passt dazu...
...alles was deftig oder scharf ist. **Lahmacun**, **köfte** >s164, **börek** >s82, etc

300 g	**süzme yoğurt** (10% Fettgehalt), auch bekannt als stichfester Joghurt oder Sahnejoghurt
150 ml	kaltes Wasser
1 Prise	Salz

1. Den **süzme yoğurt** in einen Behälter geben, Wasser dazugeben und mit einem Schneebesen kräftig rühren. Die Konsistenz zwischendurch prüfen, es sollte nicht zu flüssig aber auch nicht zu dickflüssig sein.

2. Dann ein wenig Salz dazugeben, schaumig mixen und Eiskalt servieren.

Afiyet olsun!

  VIDEO http://goo.gl/sc6zY

GETRÄNK/MEŞRUBAT

Fruchtig-orientalischer Linsensalat

Meyveli mercimek salatası
[mejvelli merdschimeck ßalataseh]

Ein typisches Gericht meiner Mutter (Autorin: Orkide), dass ich leicht abgewandelt habe. Bei uns sehr beliebt und gerne gegessen. Perfekt als Mitbringsel für eine Party. Eure Gäste werden es lieben.

Fruchtig-orientalischer Linsensalat
(vegetarisch)

Passt dazu...
poğaça >s108 oder
tepsi börek >s82

Zubereitung

1. Die Linsen in reichlich Wasser gar kochen (Packungsangabe beachten, kann sehr unterschiedlich ausfallen, ca. 18 min). Sie müssen noch etwas bissfest sein. In ein Sieb geben, kurz kalt abschrecken und abtropfen lassen.

2. Die Zucchini, die Möhren, den Schnittlauch und die Trauben waschen und schneiden.

3. Den Zitronensaft und das Öl mit den Gewürzen verrühren. Den Honig dazugeben, das Ganze mit Salz und Pfeffer abschmecken.

4. Ganz zum Schluss den Apfel reiben, damit er nicht braun wird. Alle Zutaten mischen und vorsichtig verrühren.

Afiyet olsun!

Zutaten

150 g	Puy-Linsen (alternativ gehen auch Berglinsen)
1 St	mittelgroße Zucchini, hauchdünn gehobelt
2 St	mittelgroße Möhren, gerieben
1 Bund	Frühlingszwiebeln, klein geschnitten
120 g	süße, kernlose Weintrauben, halbiert
1 St	Zitrone, frisch gepresst
1 EL	Natives Olivenöl Extra
2 EL	Honig
1 EL	gemahlener Kreuzkümmel (Cumin)
½ TL	Currypulver
1 St	Apfel, gerieben
	Salz und Pfeffer

SALAT/SALATA

Halloumi-Champignon-Spieße mit marinierten Kräutern (gegrillt)

Hellim şiş
[hellimm schisch]

Hellim oder wie es die Bewohner von Zypern nennen **Halloumi** ist eine Spezialität Zyperns. Ein halbfester würziger Käse aus Kuh-, Schaf- oder Ziegenmilch der beim erhitzen seine Form behält und deshalb zum grillen oder anbraten hervorragend geeignet ist. In Zypern wird er wohl seit über 2000 Jahren hergestellt. Pur oder mit Spiegelei zum Frühstück, im Omelett oder als Spieß auf dem Grill, sehr vielseitig und lecker.

Zubereitung

1. Die Kräuter und den Knoblauch mit Olivenöl, Limonensaft und etwas Pfeffer zu einer Marinade vermengen. Alle Zutaten außer die Champignons mit der Marinade vermischen, zudecken und 24 Stunden im Kühlschrank kaltstellen.

2. Kurz vor der Zubereitung auch die Champignons in die Marinade legen und gut mischen. Nun alles (Käse, Paprika, Zwiebel) abwechselnd auf einen Spieß stecken, an Anfang und Ende sollte je ein Champignon stecken.

3. Ca. 10 Minuten grillen und dabei mit dem Rest der Marinade bestreichen und lecker genießen

Afiyet olsun!

Tipp: Man kann natürlich auch andere marinierte Gemüsesorten oder Kräuter verwenden, je nach Geschmack oder Vorliebe.

Halloumi-Champignon-Spieße
mit marinierten Kräutern (gegrillt)

AUFWAND: ♨♨♨
VORBEREITUNG: 20'
ZUBEREITUNG: 10
PORTIONEN: 6

Passt dazu...
gegrilltes **Fleisch** und verschiedene **Salate**

Zutaten

500 g	**Hellim** oder **Halloumi** (Grillkäse aus Zypern), ca. 2x2cm groß gewürfelt
16 St	mittelgroße Champignons, Stiel entfernt
1 St	rote Paprika, ca. 2x2cm groß gewürfelt
1 St	Zwiebel, ca. 2x2cm groß gewürfelt
70 ml	Olivenöl
1 St	Knoblauchzehe, gepresst
je 1 TL	Thymian, Oregano, Rosmarin, Minze und frische glatte Petersilie, fein gehackt
½ St	Limone, frisch gepresst
½ TL	frisch gemahlener Pfeffer

Gegrillte Maiskolben

Mangalda mısır´

[mangallda msr]

In der Türkei gibt es Straßenhändler die gekochte oder gegrillte Maiskolben mit einem Wägelchen verkaufen. Auch wenn es ein recht einfaches Gericht ist, für uns ist es unverzichtbar mit der Grillsaison verknüpft und darf hier deshalb nicht fehlen.

Zubereitung

1. Maiskolben in leicht gesalzenem Wasser ca. 20 Min kochen, herausnehmen und trockentupfen.

2. Auf dem Holzkohlegrill die Maiskolben mit der Kräuterbutter bestreichen und unter gelegentlichem Wenden goldbraun grillen. Mit Kräuterbutter und kleinen Holzspießen die man auf beide Seiten stecken kann servieren.

Afiyet olsun!

Tipp: Vorsicht! Nicht anbrennen lassen, sonst werden sie zu trocken. Man kann die Kräuterbutter auch durch Honigbutter (150g Butter mit 2 TL Honig mischen) ersetzen.

Gegrillte Maiskolben

Passt dazu...
gegrilltes Fleisch, **Hellim şiş** >s154, **sucuk** >s168 oder **köfte** >s164

Zutaten

4 St	frische Maiskolben (Zuckermais)
150 g	Kräuterbutter
	Salz oder gehackte frische Kräuter, nach Belieben

VORSPEISE/MEZE ~ BEILAGE/ARA SICAK

Mit Käse gefüllte Champignons (gegrillt)

Mangalda peynirli mantar
[mangallda pejnrrli mantarr]

Nicht nur kebap kommt auf den türkischen Grill, sondern auch viel Vegetarisches. Diese gefüllten Champignons sind ein Klassiker auf dem Grill, sie werden auch oft als **meze** in türkischen Restaurants gereicht.

Tipp: Die Füllung kann man nach eigenen Vorlieben anpassen. Ohne Knoblauch oder mit klein gehackten roten Spitzpaprika oder Frischkäse oder getrockneten Tomatenstückchen oder **sucuk** (scharfe Rinderwurst mit Knoblauch)... alles sehr variabel.

mit Käse gefüllte Champignons

AUFWAND
10' VORBEREITUNG
6' ZUBEREITUNG
4 PORTIONEN

Passt dazu...
tavuk şiş >s160 oder **pirzola** >s162

Zutaten

8 St	große Champignons, Stiel entfernt
50 g	Butter
50 g	**kaşar**-Käse (oder alternativ Goudakäse), gerieben
100 g	**beyaz peynir** (weißer Salzlakenkäse aus Kuh-, Ziegen-, oder Schafsmilch)
1 TL	**kekik** (Thymian-Oregano Mischung)
3 Stängel	glatte Petersilie, fein gehackt
1 St	Knoblauchzehe, gepresst

Zubereitung

1. Champignons säubern und Stiel entfernen. Mit einer Gabel den inneren Teil der Champignons gleichmäßig anstechen (nicht durchlöchern), so kann später der Saft der Füllung sich besser verteilen.

2. In einer Schüssel **kaşar**-Käse, **beyaz peynir**, Petersilie, **kekik**, Butter und den Knoblauch vermischen. Die Käse-Kräuter-Mischung mit einem kleinen Löffel vorsichtig in die Champignons füllen. Nun das Gemüse auf dem Holzkohlegrill legen, bis die Füllung schmilzt und die Champignons auch weich werden. Direkt vom Grill heiß servieren.

Afiyet olsun!

Marinierte Hähnchen-Gemüse-Spieße (gegrillt)

Mangalda tavuk şiş
[mangallda tawuck schisch]

Mageres Hähnchenbrustfilet und knackiges Gemüse sind die perfekte Kombination für alle, die weißes Fleisch und kalorienarme Küche bevorzugen. Durch die Marinade werden die bunten, würzigen Spieße wunderbar zart. Man kann sie einfach nur lieben.

Marinierte (gegrillte) Hähnchen-Gemüse-Spieße

Passt dazu…
gegrillte Maiskolben >s156, mit Käse gefüllte Champignons >s158, çoban salatası >s98

AUFWAND
15' VORBEREITUNG
10' ZUBEREITUNG
4 PORTIONEN

Zutaten

500 g	Hähnchen-, oder Putenbrustfilets, in Würfel geschnitten
1 St	große Zwiebel, gewürfelt
1 St	rote oder orange Paprika, gewürfelt
250 g	kleine Champignons
	Für die Marinade
1½ EL	Geflügel-Hähnchen Gewürz
5 EL	Rapsöl
1 EL	Honig
1 TL	**salça** (eine Mischung aus Paprika- und Tomatenmark)
1 St	Knoblauchzehe, gepresst
1 Prise	Chiliflocken (**pul biber**)

Zubereitung

1. Alle Zutaten für die Marinade in einer Schüssel mischen und das Geflügelfleisch zugeben. Das Geflügelfleisch sollte genug Zeit haben, um in der Marinade zu ziehen. Am besten zugedeckt im Kühlschrank, nur so entwickeln sich die Aromastoffe besonders gut und das Fleisch wird sehr zart.

2. Anschließend abwechselnd Champignons, Zwiebeln, Paprika und Geflügel auf die Holzspieße stecken und unter ständigem wenden am Rande des Holzkohlegrills ganz langsam mit indirekter Hitze grillen. Gegrilltes mit frischem Fladenbrot heiß servieren.

Afiyet olsun!

Tipp: Man kann das gegrillte Geflügel auch in frisches **lavaş**-Brot (man nennt es dann **dürüm**, vergleichbar mit Weizen-Tortilla-Wraps) einwickeln oder mit einem Joghurt-Dip genießen.

Marinierte Lammkoteletts (gegrillt)

Mangalda pirzola
[mangallda pirrsolah]

Ein Klassiker auf einem türkischen Grill-Event sind marinierte Lammkoteletts. Lamm grillen bietet sich besonders an, da dieses Fleisch nicht nur sehr gesund ist, sondern auch zart und deshalb schnell gart. Das Fleisch hat noch keinen ausgeprägten Eigengeschmack, also lassen sich beim Lamm die unterschiedlichsten Gewürze in der Marinade einsetzen.

Tipp: 15 Minuten vor dem Grillen das Fleisch aus dem Kühlschrank nehmen, salzen und Zimmertemperatur annehmen lassen. Zimmerwarmes Fleisch gart schneller, verliert dabei weniger Fleischsaft und wird deshalb zarter.

Lammkoteletts
mariniert

AUFWAND

15' VORBEREITUNG

8' ZUBEREITUNG

4 PORTIONEN

Passt dazu…
frisches Fladenbrot,
çoban salatası (Hirtensalat) >s98

Zutaten

500 g	Zarte Lamm-Medaillons (oder Hammel) am Stiel (Lamm-Krone), in einzelne Medaillons am Stiel geschnitten.
1 Prise	gemahlenes Meersalz, kurz vor dem Grillen
	Für die Marinade:
5 EL	mildes Olivenöl
1 EL	frischer Thymian oder getrockneter **kekik** (Thymian-Oregano Mischung)
1 St	Knoblauchzehe, gepresst
1 Prise	Chiliflocken (pul biber)

Zubereitung

1. Alle Zutaten für die Marinade in einer Schüssel mischen und das Lammfleisch zugeben. Das Fleisch sollte genug Zeit haben, um in der Marinade zu ziehen. Am Besten zugedeckt im Kühlschrank, nur so entwickeln sich die Aromastoffe besonders gut und das Fleisch wird besonders zart.

2. Anschließend unter ständigem wenden auf dem Holzkohlegrills kurz scharf grillen. Danach sollte es wenige Minuten bei niedriger Temperatur gar ziehen. Gegrilltes mit frischem Fladenbrot heiß servieren.

Afiyet olsun!

BEILAGE/ARA SICAK~ HAUPTSPEISE/ANA YEMEK

türkische Frikadellen

Köfte

[köffteh]

Zubereitung

1. Das Hackfleisch in eine große Schüssel geben. Fein gewürfelte Zwiebeln, Petersilie, das zerrupfte Brot, Ei, Salz, Pfeffer, Chiliflocken, Kreuzkümmel, Petersilie und Knoblauch hinzufügen und gut durchkneten. Ein Schuss Olivenöl dazugeben und nach Belieben abschmecken.

2. Zum Formen der *köfte* ein Glas Wasser bereitstellen. Die Handinnenflächen befeuchten, eine Handvoll *köfte* zu einer Kugel rollen und sanft zusammendrücken. Auf einem flachen Teller legen und wiederholen bis von der Hackfleisch-Mischung nichts mehr da ist.

3. In einer Pfanne mit Bratöl von jeder Seite ca. 3-5 Minuten knusprig anbraten. Optional kann man die *köfte* natürlich auch auf einem Grill anbraten, das gibt ihnen den typischen rauchigen Geschmack.

Tipp zum Braten oder Grillen: Kühlt die *köfte* eine Stunde im Eisfach vor dem anbraten. So bleiben sie schön flach und fallen nicht so schnell auseinander.

Tipp zum Transport: *Köfte* in einem flachen Behälter stapeln und zwischen jede Schicht Frischhaltefolie spannen. Dann klebt es nicht.

Afiyet olsun!

VIDEO http://goo.gl/eHmtH

Köfte gehört zu den vielseitigsten Fleischgerichten in der türkischen Küche. Ob nun gekocht, gebraten, gegrillt oder frittiert. Dieses Rezept ist die klassische Variation aus der mütterlichen Küche.

Türkische Frikadellen

Passt dazu…
gegrillte **Spitzpaprika**
Vorspeisen wie **haydari** >s124 oder **cacık** >s14, Reis >s20 oder **bulgur pilavı**

AUFWAND
20' VORBEREITUNG
20' ZUBEREITUNG
6 PORTIONEN

Zutaten

500	g	gemischtes Hackfleisch (Rind und Lamm)
3	St	mittelgroße Zwiebeln, klein gewürfelt
2	Scheiben	Weißbrot (Toastbrot, Brötchen vom Vortag oder Paniermehl)
1	St	Ei
1	Bund	glatte Petersilie, fein gehackt
1	St	Knoblauchzehe, zerdrückt
1	TL	Salz
1	Prise	frisch gemahlener Pfeffer
1	Prise	Chiliflocken (pul biber)
1	TL	Natives Olivenöl Extra
1	EL	Bratöl
1	TL	gemahlener Kreuzkümmel (Cumin)
	evtl.	Kekik (wenn man will)

BEILAGE/ARA SICAK~ HAUPTSPEISE/ANA YEMEK

Adana Kebap (gegrillt)
Adana kebap
[adana kebapp]

Adana kebap sind eine Spezialität aus der türkischen Stadt Adana, daher auch ihr Name. Sie werden mit Spießen und auf den Grill zubereitet und bekommen dadurch ihre besondere, rauchige Note. Im Original-Rezept werden sie sehr scharf gewürzt, weshalb oft Speisen wie **cacık** *dazu gereicht werden. Also wer es etwas schärfer mag, kann man den Anteil von Chiliflocken (**pul biber**) ruhig etwas erhöhen.*

Zubereitung

1. Das Hackfleisch sollte von ihrem Metzger 2 mal durch den Wolf gedreht und mit dem Fett vom Hammelschwanz gemischt werden (Das Fett vom Hammelschwanz ist Geschmacksträger, deshalb empfehlen wir es. Man kann es aber auch ohne machen).

2. Zum Hackfleisch nun die Paprika, die Petersilie und den Knoblauch geben. Mit Salz und Chiliflocken nach Belieben würzen und gut durchkneten. Hackfleisch auf 3 lange, breite Metallspieße verteilen, mit der Hand gleichmäßig andrücken und flache Frikadellen formen. Mindestens 1 Stunde kühl stellen.

3. Die **Adana kebap** auf dem Holzkohlegrill unter ständigem wenden grillen. Es darf ruhig fast verbrannt sein, das gibt dem ganzen noch Röstaromen. Einige Minuten bevor die Frikadellen fertig sind, sollte man die Tomatenhälften und grüne Spitzpaprika grillen (etwas Meersalz aus der Mühle darüber streuen). Gegrilltes Gemüse, frisches Fladenbrot und Frikadellen gemeinsam heiß servieren.

Afiyet olsun!

Tipp: Man kann Gemüse und Adana kebap auch in frisches **lavaş**-Brot (man nennt es dann **dürüm**, vergleichbar mit Weizen-Tortilla-Wraps) einwickeln und genießen.

Adana Kebap

Passt dazu...
Zwiebelsalat mit **sumak** (Gewürzsumach), **cacık** >s14 und **bulgur pilavı**

Zutaten

300 g	Hackfleisch vom Lamm
50 g	tierisches Fett (Fett vom Hammelschwanz), nach Belieben
1 St	rote Spitzpaprika, ganz klein gehackt
2 St	Knoblauchzehen, fein gehackt
½ Bund	glatte Petersilie, fein gehackt
1 Prise	Salz und Chiliflocken (**pul biber**)
	Für die Garnitur
2 St	mittelgroße Tomaten, halbiert
3 St	grüne Spitzpaprika oder scharfe Peperoni, je nach Geschmack

HAUPTSPEISE/ANA YEMEK

Mangalda sucuk
Gegrillte Sucuk
[mangallda ßudschuck]

Gegrillte **sucuk** ist leicht in der Zubereitung und für Neuankömmlinge in der türkischen Genusswelt ein deftiger Einstieg. Natürlich kann man **sucuk** auch roh genießen, jedoch entfaltet sich das Aroma erst beim Braten und Grillen, die Wurst wird geschmacklich intensiver und kräftiger. Eine weitere sehr beliebte Speise ist **sucuklu yumurta**, als schnelles Essen zwischendurch oder zum Frühstück.

Gegrillte Sucuk

Passt dazu…
Gegrillte Tomaten oder grüne Spitzpaprika, frisches **pide** (Fladenbrot) und **cacık** >s14

Zutaten

500 g	**sucuk** (**parmak sucuk**, das sind die Kleinen. Eine leicht scharfe Rinderwurst mit Knoblauch), längs aufgeschnitten

Zubereitung

1. Die Haut von der **sucuk** abpellen, längs aufschneiden und auf den Holzkohlegrill legen. Wenn die **sucuk** schwitzt und Farbe annimmt, sollte man sie wenden (ca. 5 Minuten).

2. Alsbald pur oder im Fladenbrot mit gegrillten Tomaten, Fetakäse und Spitzpaprika servieren.

Afiyet olsun!

Tipp: Natürlich kann man Sucuk auch in der Pfanne anbraten und anschließend als Sandwich nach Belieben und Geschmack belegt genießen. Ein schneller und schmackhafter Imbiss ist garantiert.

Oma Seniha's gedeckter Apfelkuchen

Seniha annenin elmalısı′
[zsennihaa anneninn elmalsh]

Für uns schmeckt dieser Apfelkuchen nach Spätsommer, Geborgenheit und Familie. Mit einem Glas **çay** serviert, noch lauwarm... wunderbar köstlich! Und wer kann schon einem guten Apfelkuchen widerstehen?!

Oma Seniha's gedeckter Apfelkuchen

AUFWAND
15' VORBEREITUNG
45' ZUBEREITUNG
12 PORTIONEN

Passt dazu...
çay >s70

Zutaten

Für den Teig

400 g	Mehl
250 g	Butter und Pflanzenmargarine, zu gleichen Teilen
1 EL	Zucker
1 PK	Bourbon Vanillezucker
1 PK	Backpulver
5 EL	lauwarmes Wasser oder Milch
1 Prise	Salz

Für die Füllung

550-600 g	Äpfel, geschält und gerieben
200 g	Zucker
1 EL	Zimt, auf Wunsch etwas mehr
1 EL	Mehl

Zubereitung

1. Butter und Pflanzenmargarine (sollten Zimmertemperatur haben) mit den restlichen Zutaten für den Teig vermengen und in einer Schüssel zu einem glatten, weichen Teig verkneten.

2. Die geschälten und geriebenen Äpfel mit Zucker, Zimt und Mehl kurz verrühren. Nicht zuviel, sonst wässert es zu stark.

3. Die runde ofenfeste Form mit ca. 20-30 cm Durchmesser mit Butter einfetten. Danach den Teig in zwei Teile teilen, einer etwas größer als der andere. Den größeren Teig auf einer bemehlten Arbeitsfläche ausrollen und die Form damit auslegen, es sollte an den Seiten noch ein bisschen hoch stehen. Die Apfelfüllung darauf verteilen. Den etwas kleineren Teig ebenfalls auf einer bemehlten Arbeitsfläche ausrollen und auf die Füllung legen. Die Ränder des unteren und oberen Teigs gut andrücken und verschießen. Mit einer Gabel viele regelmäßige kleine Löcher in den Teigdeckel machen.

4. Im vorgeheizten Ofen bei 175 °C ca. 45 Minuten backen. Etwas abkühlen lassen, dann mit Vanilleeis, Schlagsahne oder pur mit einem Glas türkischem çay genießen.

Afiyet olsun!

Tipp: Am nächsten und übernächsten Tag schmeckt Oma Seniha's Kuchen fast noch besser.

İftar Sofrası

Einladung zum Fastenbrechen im Ramadan

Als **iftar** oder auf deutsch Fastenbrechen wird der abendliche Abschluss eines Fastentages während des Ramadans, bei Einbruch der Dunkelheit bezeichnet. Die gemeinsam eingenommene Mahlzeit wird bei dem türkischen Moslems **iftar sofrası** genannt und ist meist ein Aufmarsch von vielen besonderen und aufwendigen Speisen. Traditionell wird als erstes eine Dattel oder Olive gegessen und etwas Wasser getrunken, bevor man zur weiteren Speiseabfolge übergeht.

Selbst wenn man wie wir nicht fastet, gehört es einfach dazu Freunde, Bekannte und Nachbarn zum **iftar** einzuladen. Zusammenhalt, Gastfreundschaft und Dankbarkeit werden zum **ramazan** (zu deutsch Ramadan, islamischer Fastenmonat) ganz groß geschrieben und deswegen gehören gegenseitige Einladungen zum iftar dazu, bzw. sind inzwischen zu einer liebgewonnen Tradition geworden. 2012 waren wir bei einer Freundin eingeladen, wo wir unter anderem **hünkâr beğendı, paçanga böreği, çerkez tavuğu** und **muhallebili kadayıf** geschlemmt haben. Köstlich!

Da man viel Zeit und Mühe für das Zubereiten der Speisen verwendet, werden sehr aufwendige Spezialitäten serviert. Fast wie 30 Tage Weihnachten. Einige Speisen haben sich so im Laufe der Zeit zu Klassikern entwickelt oder werden sogar nur in der Zeit des Ramadan angeboten. Hier mal einige:

ramazan pidesi: Mit Ei und Butter bestrichene Art von Fladenbrot. Gibt es nur im Fastenmonat Ramadan und wird inzwischen auch in türkischen Bäckereien in Deutschland angeboten.

güllaç: Traditionell eine relativ leichte Süßspeise aus geschichteten Maisstärke-Teigblätter und Nüssen, die in einer Milch-Soße getränkt werden.

çorba: Eine beliebte und gefragte Speise während der Fastenzeit sind Suppen (auf türkisch: çorba). Sie wärmen den Magen und bereiten auf weitere Speisen vor. Meine Mama sagt, nach der Suppe sollte man mindestens 15 Minuten warten und erst dann weiter essen.

hoşaf: Eine Art kalter Kompott aus getrockneten Früchten, ist nicht zu süß. Enthält viele Mineralien, Flüssigkeit und gibt Kraft für den nächsten Fastentag.

helva: Der Oberbegriff für eine Art Süßspeise, dazu gehört unter Anderem irmik helvası (helva aus Grießmehl) und tahin-pekmez (Sesampaste und Traubensirup).

Vielleicht ermutigt es den Einen oder Anderen von Euch, auch einmal über den Tellerrand zu schauen und ganz neue Rezepte auszuprobieren. In diesem Sinne...

Afiyet olsun!

Rezepte in diesem Kapitel

- Mercimek çorbası **176**
- Semizotu salatası **178**
- İmam bayıldı **180**
- Paçanga Böreği **182**
- Tavuklu pilav **184**
- Kadınbudu köfte **186**
- Etli yaprak sarması **188**
- Fırında İzmir köfte **190**
- Hünkâr Beğendi **192**
- Laz böreği oder Paponi **194**
- Güllaç **198**
- Muhallebili tel kadayıfı **200**

Rezepte die auch passen
Gefüllte Paprika mit Hackfleisch **28** ~ Fava Püree mit Dill **46** ~ Zucchinipuffer **132** ~ Zigaretten-Börek ~ Gefüllte Teigröllchen **140** ~ Tscherkessisches Huhn mit Walnuss-Pürree **50** ~ Almsuppe **10** ~ Mercimek çorbası **176** ~ Weißer Bohnensalat **72** ~ Şekerpare – Süßes Gebäck in Sirup **88**

Rote Linsensuppe

Mercimek çorbası
[merdschimeck tschorbaseh]

Suppe ist nicht gleich Suppe! Und die rote Linsensuppe **mercimek çorbası** schon gar nicht, denn in jedem Haushalt wird sie anders zubereitet. Wir haben uns für das Rezept meiner Mama (Autor: Orhan) entschieden, denn die Version schmeckt wirklich lecker und ist ganz einfach zuzubereiten. Ein absoluter Klassiker in der türkischen Suppenkultur!

In der Regel leitet die Suppe eine gut bürgerliche Mahlzeit ein. Gelegentlich wird sie aber auch vor dem Nachtisch als „Verdauungssuppe" oder auch zum Frühstück serviert.

Zubereitung

1. Zuerst das Wasser in einem Topf aufkochen und anschließend die roten Linsen, die gewürfelten Kartoffeln, Karotten, Zwiebel, Knoblauch und etwas Salz hineingeben. Alles ca. 25 Minuten köcheln lassen bis alles durch ist.

2. Die Suppe vom Herd nehmen und mit einem Stabmixer pürieren bis die Konsistenz fein und sämig ist. Falls die Suppe zu dickflüssig sein sollte, mit etwas gekochtem Wasser verflüssigen.

Rote Linsensuppe

Passt dazu…
frisches Fladenbrot,
Zitronenscheiben

AUFWAND ♨♨♨
10' VORBEREITUNG
30 ZUBEREITUNG
6 PORTIONEN

Zutaten

250 g	Rote Linsen
600 ml	Wasser
1 St	mittelgr. Kartoffel, gewürfelt
1 St	große Karotte, gewürfelt
1 St	große Zwiebel, gewürfelt
1 St	Knoblauchzehe, gewürfelt
1 TL	Salz
50 g	Butter
1 TL	getrocknete Minze
1 Prise	gemahlener Pfeffer
1 Prise	Chiliflocken (**pul biber**)
	Zitronenscheiben

3. Etwas Butter in einer kleinen Pfanne zerlassen, Chiliflocken, gemahlener Pfeffer und Minze dazugeben, leicht anrösten.

4. Bei Tisch auf jeden Teller etwas von der geschmolzenen Butter mit Gewürzen geben. Mit frischem Fladenbrot und Zitronenscheiben heiß servieren.

Afiyet olsun!

Tipp: Zitronenscheiben werden zu fast jeder türkischen Suppe gereicht. Der frische Spritzer Zitronensaft gibt den meisten Suppen noch das gewisse Etwas.

VIDEO http://goo.gl/0Acj6

Portulak Salat

Semizotu salatası

[ßemisottu ßalatahse]

Portulak
Salat

AUFWAND ༘༘༘
ZUBEREITUNG 15'
PORTIONEN 4

Passt dazu...
Fleisch- und Hühnchengerichte
wie z.B. **tavuk pirzola** >s56

Portulak hat einen leicht säuerlich-nussartigen Geschmack und ist eine sehr beliebte Salatsorte, die reich an Vitaminen und Spurenelementen ist. Unter anderem wird auch **yoğurtlu semizotu salatası** damit gemacht. Den Salat kann man nach Geschmack und Verfügbarkeit von Blattsalaten und Gemüsesorten variieren. Romana Salatherzen, Babyspinat oder Feldsalat eigenen sich auch.

Zutaten

400 g	Portulak (**semizotu**), gewaschen und gesäubert
6 St	getrocknete Tomaten, in Streifen geschnitten und eingelegt
1 TL	**kekik** (Thymian-Oregano Mischung)
½ TL	Chiliflocken (**pul biber**)
1 St	Karotte, gerieben
6-8 St	kleine Rispentomaten, gewaschen und geviertelt
5 St	Walnüsse, zum Garnieren
1-2 EL	Zitronensaft
3 EL	Natives Olivenöl Extra
1 EL	Granatapfelsirup (**nar ekşisi**, im türkischen Supermarkt)
½ TL	Salz

Zubereitung

1. Ein, zwei Stunden vor dem Verzehr sollte man die getrockneten Tomaten in Streifen schneiden und mit etwas Olivenöl, **kekik** und Chiliflocken einlegen. Deckel schließen und im Kühlschrank aufbewahren.

2. Portulak säubern, etwas auseinanderreißen, geriebene Karotten, Rispentomaten, die eingelegten Tomaten (vorher abtropfen lassen) und Walnüsse in eine Servierschale füllen. Olivenöl, Zitronensaft, Granatapfelsirup und Salz verrühren und über den Salat geben.

Afiyet olsun!

Tipp: Der rotbräunliche, dickflüssige Granatapfelsirup schmeckt säuerlich, fruchtig-herb und passt deshalb ungemein gut zu Salaten. Ähnlich wie Balsamico in der italienischen Küche kann man es sehr vielseitig einsetzen.

Der Imam fiel in Ohnmacht ~ vegetarisch gefüllte Auberginen

İmam bayıldı´
[imamm bajldeh]

İmam bayıldı ist ein bekanntes vegetarisches Gemüsegericht in Olivenöl aus geschmorten, gefüllten Auberginen. Der Legende nach soll der Imam, als er das Gericht zum ersten Mal probierte, aufgrund des äußerst köstlichen Geschmacks entzückt gewesen sein, bzw. soviel davon gegessen haben bis er umfiel. Im Türkischen ist das Wort "**bayıldı**" doppeldeutig zu verstehen. Es bedeutet sowohl „entzückt" als auch „in Ohnmacht gefallen". Daher also der Name.

imam bayıldı gehört zu den leichten und schmackhaften Gemüsegerichten in Olivenöl (türkisch: **zeytinyağlı yemekler**) und kann deshalb warm als Hauptgericht oder kalt als **meze** genossen werden. Für die Zubereitung empfiehlt es sich gutes, kaltgepresstes Olivenöl (Natives Olivenöl Extra) zu verwenden.
Die Variante mit Hackfleisch heißt übrigens **karnıyarık**. Beide Gerichte werden leider oft verwechselt.

Zubereitung

1. Von jeder Aubergine der Länge nach gleichmäßig 4-5 dünne Streifen abschälen, bis die Auberginen rundum gestreift sind (Im türkischen sagt man: im Pyjama-, oder Zebrastreifen-Stil). Anschließend die Auberginen der Länge nach teilen und die Auberginen mit Hilfe eines Löffels gleichmäßig aushöhlen. 30 Minuten in Salzwasser einlegen, damit sie nicht braun werden.

2. In der Zwischenzeit wird die Füllung vorbereitet. In etwas Olivenöl die Zwiebeln, den Knoblauch und die Spitzpaprika leicht anbraten bis sie glasig werden. Anschließend die Tomaten, Zucker, Salz, Pfeffer zugeben und etwa 10 Minuten bei schwacher Hitze mit halb geschlossenem Deckel schmoren lassen. Zum Schluss noch die Petersilie untermischen und abschmecken.

3. Die Auberginen aus dem Salzwasser nehmen, trocken tupfen und in der Pfanne mit etwas Olivenöl anbraten bis sie von allen Seiten gleichmäßig goldbraun werden. Auf Küchenkrepp das überschüssige Öl abtropfen lassen.

4. Auberginenhälften in eine flache Ofenform geben und mit der Zwiebel-Tomaten-Mischung füllen. Mit einigen Tomatenscheiben garnieren und Olivenöl darüber geben.

5. Im Backofen bei 150-180°C für ca. 45' garen.

Afiyet olsun!

gefüllte Auberginen
vegetarisch

AUFWAND ♨♨♨
30' VORBEREITUNG
45' ZUBEREITUNG
4 PERSONEN

Dazu passt...
...als Beilage Reis und Salat.
Frisches Fladenbrot zum Dippen

Zutaten

3 St	mittelgroße Auberginen
4 St	mittelgroße Zwiebeln, klein gewürfelt oder in dünne Ringe geschnitten
4 St	Fleischtomaten, gehäutet und klein gewürfelt
3 St	grüne Spitzpaprika, klein gewürfelt
3 St	Knoblauchzehen, fein gewürfelt
1-2 St	Tomaten, in Scheiben geschnitten zum Garnieren
1 Bund	glatte Petersilie, fein gehackt
200 ml	Natives Olivenöl Extra
2 TL	Zucker
	Salz und gemahlener Pfeffer
evtl. etwas	**kekik** (Thymian-Oregano Mischung)

Tipp: Kalt schmecken die İmam bayıldı fast noch besser. Einfach in kleineren Portionen zusammen mit anderen Vorspeisen (türkisch: **meze**) als Buffet servieren.

VIDEO http://goo.gl/RnDnY

Paçanga Böreği ~ Yufka-Teigtaschen, mit Pastırma

Paçanga Böreği
[patschannga böreeji]

Woher genau der etwas ungewöhnliche Name **paçanga böreği** herkommt weiß man nicht. Was wir wissen ist, dass diese knusprig-leckeren Teigrollen ein perfekter Starter sind. Die vollendete Kombination von **pastırma** (stark gewürztes Rinder-Dörrfleisch) und **kaşar**-Käse als Füllung in **yufka**-Teig.

 VIDEO **http://bit.ly/pacanga**

Yufka Teigtaschen mit Pastırma gefüllt

AUFWAND
15' VORBEREITUNG
15 ZUBEREITUNG
4 PORTIONEN

Passt dazu… frische, cremige **meze** zum Dippen, leichte Salate oder einfach nur **çay** >s70

Zubereitung

1. Die geschnittenen **pastırma** (alternativ geht auch hauchdünn geschnittenes Bündnerfleisch), die Tomaten und die Spitzpaprika in einer beschichteten Pfanne 2-3 Minuten kurz heiß anbraten (sautieren). Nach dem Abkühlen noch den geriebenen **kaşar**-Käse und die Petersilie untermischen.

2. Aus den runden **yufka**-Teigblättern acht dreieckige Stücke (wie Tortenstücke) schneiden. Je eines der dreieckigen **yufka**-Blätter leicht mit Milch bepinseln und ca. ein Teelöffel der Füllung längs am Ende verteilen. Rechte und linke Ecke der **yufka**-Blätter einklappen, dann vom breiten Ende ausgehend bis zur Spitze zusammenrollen. Die Prozedur bei allen **yufka**-Blättern wiederholen.

3. Anschließend die gefüllten Teigrollen in einer Pfanne rundherum goldbraun anbraten und heiß servieren.

Afiyet olsun!

Tipp: Man kann die Teigröllchen Tage vorher zubereiten und im Gefrierschrank aufbewahren. Wenn sie gebraucht werden, 10-15 Minuten bei Zimmertemperatur ruhen lassen und anschließend in der Pfanne anbraten. So sind die frischen und knusprigen Röllchen schnell auf dem Tisch.

Zutaten

2 St	**yufka**-Teigblätter (oder schon fertige dreieckige **yufka**-Blätter), geachtelt
150 g	**pastırma** (stark gewürztes Rinder-Dörrfleisch, gibt es im türkischen Supermarkt), grob in Streifen geschnitten
1 St	mittelgroße Tomate, gehäutet und klein gewürfelt
1 St	grüne Spitzpaprika, klein gewürfelt
200 g	**kaşar**-Käse (oder alternativ Goudakäse), gerieben
½ Bund	glatte Petersilie, fein gehackt
	etwas Milch zum Bestreichen der Teigblätter
	Sonnenblumenöl, zum Anbraten

VORSPEISE/MEZE ~ BEILAGE/ARA SICAK

Reis mit Hühnchen
Tavuklu pilav
[tawukklu pilaw]

Reis mit Hühnchen ist ein traditionelles Gericht, welches im türkischen Haushalt wie auch im **lokanta** (Restaurant) oft zubereitet wird. Sehr einfach und schmackhaft!

Reis mit Hühnchen

AUFWAND
15' VORBEREITUNG
90 ZUBEREITUNG
6-8 PORTIONEN

Zubereitung

1. Das Huhn im Ganzen in Salzwasser gar kochen. Das Huhn aus dem Topf nehmen und so weit abkühlen, dass es warm ist. Die Brühe durchseihen, das Fleisch von den Knochen lösen und in mittelgroße Stücke rupfen. Haut und Knochen entsorgen.

2. Mit der Hühnerbrühe wird nun der Reis gekocht. Reis waschen und zur Brühe hinzugeben, im Verhältnis 1 zu 2. Kurz aufkochen und auf niedrigste Temperatur runterstellen. Etwas Butter hinzufügen, mit Salz und Pfeffer abschmecken. Ca. 20 Minuten auf dem Herd belassen bis das Wasser vollständig aufgesogen ist. Deckel abnehmen, einmal umrühren, 2 Blatt Küchenkrepp zwischen Deckel und Topf klemmen (das saugt die restliche Feuchtigkeit aus dem Reis). Noch 10 Minuten ruhen lassen.

3. Anschließend in einer Pfanne die Pinienkerne goldbraun rösten. Vorsicht, das kann sehr schnell gehen. Auf einem Teller zunächst Reis, dann die Hühnerfleisch-Stücke und zum Schluss die Pinienkerne anrichten und warm servieren.

Afiyet olsun!

Tipp: Wenn man noch Hühnerbrust oder Hühnerbraten vom Vortag übrig hat, eignet sich das natürlich auch hervorragend. Nur kurz warm machen und auf den **pilav** damit.

Zutaten

1 St	ganzes Huhn, zerlegt
300 g	Reis, gewaschen und abgeseiht
50 g	Butter
50 g	Salz
1 Prise	Pfeffer
50 g	Pinienkerne

VIDEO http://goo.gl/g9NFA

Frauenschenkel Frikadellen

Kadınbudu köfte
[kadnbudu köffteh]

Kadınbudu köfte oder auch **kadın budu köfte**, sind **köfte** (Frikadellen) nach Frauenschenkel Art. Manche nehmen an, der Name rührt daher, weil sie so zart und lecker sind. Sie zerfallen förmlich im Mund, weswegen sie wohl auch mit den Schenkeln einer schönen Frau verglichen werden. Fest steht, dass diese **köfte** schon im 18. Jahrhundert am Hofe des Sultans gegessen wurden. Sie können als Beilage oder auch als Vorspeise (**meze**) gereicht werden.

Zubereitung

1. Als Erstes empfehlen wir den Reis wie gewohnt zu kochen, da er für die Weiterverarbeitung abkühlen muss.
Ein Tipp: Falls man noch Reis von Vorabend übrig hat, schmeckt es sogar noch besser und sollte unbedingt verwendet werden.

2. Die Zwiebeln und Knoblauch in der Pfanne mit ein wenig Sonnenblumenöl glasig werden lassen. Die Hälfte vom Hackfleisch dazugeben und richtig durchbraten bis der ausgelaufene Saft wieder einzieht. Zwischendurch kann man die Gewürze, also Salz, Pfeffer, Kreuzkümmel, Thymian und Chiliflocken dazugeben. Die Petersilie und den Zimt ganz zum Schluss zugeben, damit das Aroma nicht verloren geht. Auch das angebratene Hackfleisch lassen wir zum abkühlen stehen.

3. Die noch unverarbeitete Hälfte des Hackfleisches, die angebratene Hackfleisch-Mischung, den gekochten Reis, ein Ei und den geriebenen Gouda in eine Schüssel geben und richtig vermischen. Eventuell mit etwas Salz und Pfeffer nachwürzen.
Noch ein Tipp: Wenn man die Mischung 30 Minuten im Kühlschrank ruhen lässt, kann man es besser weiterverarbeiten.

4. Kleine Portionen (so groß wie ein Ei) von der Masse in die angefeuchtete Hand nehmen und flache Frikadellen davon formen. Erst in der Paniermehl-Mehl-Mischung, dann in den verquirlten zwei Eiern wenden und in heißem Sonnenblumenöl anbraten.

Afiyet olsun!

Köfte nach Frauenschenkel Art

Passt zu...
diverse Vorspeisen mit Joghurt, Reis oder auch frische Salate

Zutaten

500 g	gemischtes Hackfleisch (Rind und Lamm)
2 St	kleine Zwiebeln, fein gewürfelt
2 St	Knoblauchzehen, fein gewürfelt
50 g	Reis, gewaschen und abgeseiht
½ Bund	glatte Petersilie, fein gehackt
3 St	Eier (eins für die Frikadellen und 2 für die Panade)
100 g	geriebener Goudakäse
2 EL	Paniermehl
4 EL	Mehl (Paniermehl und Mehl vermischen)
1 TL	Salz
1 TL	frisch gemahlener Pfeffer
½ TL	gemahlener Kreuzkümmel (Cumin)
½ TL	Chiliflocken (**pul biber**)
1 Prise	**kekik** (Thymian-Oregano Mischung)
1 Prise	Zimt
	Sonnenblumenöl zum Anbraten

Tipp: Geriebener Gouda und Zimt ist kein Muss bei diesem Rezept, aber uns schmeckt es besser.

VIDEO http://goo.gl/VNG0X

Gefüllte Weinblätter mit Hackfleisch

Etli yaprak sarması
[ettlii japrack ßarrmahseh]

Unter den Gefüllten (**dolma**) sind die gefüllten Weinblätter sicherlich die Königsdisziplin. In der Herstellung sehr aufwendig und zeitintensiv, aber im Geschmack unvergleichlich. Meine Mutter (Autor: Orhan) hat sie immer zubereitet, wenn sich besondere Gäste angekündigt haben.

Zubereitung

1. Die Weinblätter in eine Schüssel legen, mit kochendem Wasser übergießen und eine Stunde stehen lassen. Das zieht überschüssiges Salz aus den Blättern und macht sie weicher.

2. Im Topf 2 EL Butter, 1 EL *salça* und die Knoblauchzehen kurz glasig anbraten.

3. Den Reis mit klarem Wasser spülen und in eine große Schüssel geben. Hackfleisch, geriebene Zwiebeln, Petersilie, Tomaten, 1 EL *salça*, 2 EL Butter, Salz, Pfeffer und die getrocknete Minze hinzufügen. Alle Zutaten gut durchmischen.

4. Die Stielansätze der Weinblätter vorsichtig entfernen und auch in den Topf mit der Butter-*salça*-Mischung verteilen. Das dient als **Puffer** damit die gewickelten Blätter nicht direkt auf dem Topfboden aufliegen.

5. Die Weinblätter mit der matten Seite nach oben und dem Zweigende zu sich selbst ausgerichtet ausbreiten. 1 TL Hackfleisch-Füllung unten am Blatt platzieren. Zunächst die untere Kante, dann rechts und links zuklappen und dicht zusammenrollen. In den Topf mit der Butter-*salça*-Mischung dicht beieinander legen und schichten bis alle Weinblätter verarbeitet sind.

6. Die gewickelten Weinblätter im Topf mit einem umgedrehten Teller beschweren. Ca. 500 ml kochendes Wasser und den Saft einer viertel Zitrone seitlich in den Topf füllen. Deckel schließen, kurz aufkochen und dann bei leichter Hitze ca. 45 Minuten fertig garen. Zwischendurch immer kontrollieren ob genug Wasser im Topf ist, falls nicht noch etwas kochendes Wasser eingießen.

Gefüllte Weinblätter
mit Hackfleisch

Passt dazu...
...ein Klacks Joghurt und Gemüse oder Nudeln als Beilage

Zutaten

30 St	eingelegte Weinblätter
80 g	Reis, gewaschen und abgeseiht
350 g	gemischtes Hackfleisch (Rind und Lamm)
2 St	mittelgroße Zwiebeln, gerieben
½ Bund	glatte Petersilie, fein gehackt
2 St	Tomaten, enthäutet und gerieben
2 EL	*salça* (eine Mischung aus Paprika- und Tomatenmark)
4 EL	Butter
1 TL	Salz
½ TL	frisch gemahlener Pfeffer
½ TL	getrocknete Minze
3 St	Knoblauchzehen, fein gehackt
¼ St	Zitrone, frisch gepresst
	frisch gekochtes Wasser
	süzme yoğurt (10% Fettgehalt), auch bekannt als stichfester Joghurt oder Sahnejoghurt, zum Servieren

VIDEO http://bit.ly/etli_sarma

Afiyet olsun!

Tipp: Leicht abkühlen lassen und mit einem Klacks Joghurt warm servieren.

Ofen Frikadellen nach Izmir Art

Fırında İzmir köfte
[frndah ismir köffteh]

Würden wir diesem Menü in einem Restaurant begegnen könnte der Name folgendermaßen lauten: „Behagliches Vergnügen einer Frikadelle auf einem Kartoffel-**salça** Beet". Manche braten die **köfte** (Frikadellen) vorher in der Pfanne an bevor sie alles dann in den Ofen schieben. Fest steht, es ist ein Gericht mit dem man schnell viele Personen satt bekommt und ein Lob der Gäste ist garantiert.

Ofen Frikadellen
nach Izmir Art

AUFWAND
30' VORBEREITUNG
60 ZUBEREITUNG
6 PORTIONEN

Dazu passt...
eine Art **pilav** (**pirinç** >s20 oder **bulgur pilavı**) und Salat.

Zutaten

ca. 400 g		gemischtes Hackfleisch (Rind und Lamm)
2	St	mittelgroße Zwiebeln, fein gewürfelt
½	Bund	glatte Petersilie, fein gehackt
5	EL	Paniermehl (oder ein trockenes Brötchen, gerieben)
1	St	Ei
2	St	Knoblauchzehen, fein gehackt (eine für die Köfte, eine für die Sauce)
1	TL	Salz
1	Prise	frisch gemahlener Pfeffer
1	Prise	Chiliflocken (**pul biber**)
1	TL	**kekik** (Thymian-Oregano Mischung)
1	TL	gemahlener Kreuzkümmel (Cumin)
1	TL	Natives Olivenöl Extra
4	St	große Kartoffeln, in Spalten geschnitten
2	St.	Spitzpaprika (rot, gelb, oder grün), grob gewürfelt
4	EL	**salça** (eine Mischung aus Paprika-, und Tomatenmark)
ca. 500 ml		frisch gekochtes Wasser

Zubereitung

1. Das Hackfleisch, die klein gewürfelten Zwiebeln, ⅔ der gehackten Petersilie, Paniermehl, ein Ei, eine Knoblauchzehe, Salz, gemahlener Pfeffer, Chiliflocken und Kreuzkümmel in eine Schüssel geben und gut durchmischen. Ein Schuss Olivenöl dazu. Nach Belieben etwas abschmecken.

2. Zum Formen der **köfte** (Frikadellen) ein Glas Wasser bereitstellen. Die Handinnenflächen befeuchten, Ei-Große Stücke aus der Masse nehmen und flache, ovale Frikadellen formen. Diese vorerst in dem Kühlschrank stellen.

3. Die Kartoffeln, die Paprika und eventuell anderes Gemüse (man kann auch noch zusätzlich Karotten, Zwiebel etc. nehmen) in Stücke schneiden und in eine hohe ofenfeste Form geben. Die **köfte** vorsichtig auf das Gemüse drapieren.

4. Kochendes Wasser, **salça**, ⅓ der gehackten Petersilie, eine gehackte Knoblauchzehe und kekik (Thymian) zu einer Sauce verrühren. Wieder mit Salz und Pfeffer nach Belieben abschmecken. Diese Sauce anschließend in die Form über Gemüse und Frikadellen gleichmäßig verteilen (es sollte fast alles bedeckt sein).

5. Den Ofen auf ca. 250°C vorheizen. Die Form mit Alufolie oder Deckel verschließen und ca. 45 Minuten bei Ober-, Unterhitze im Ofen garen. Danach Deckel abnehmen und abermals ca. 15 Minuten garen. Dabei ist darauf zu achten, dass ständig genug Flüssigkeit in der Form verbleibt.

Tipp: Die **köfte** (Frikadellen) können vorher in der Pfanne angebraten werden, bevor man alles in den Ofen schiebt. Ein Teil der Sauce im Gericht kann durch reife geschälte Tomaten ersetzt werden.

Afiyet olsun!

Sultans Entzücken ~ Lammragout auf cremigem Auberginenpüree

Hünkâr beğendi
[hünnkiarr be-endi]

Hünkâr beğendi bedeutet sinngemäß übersetzt „ihre Majestät war entzückt" und in der Tat ist dieses Gericht ein Traum. Es gefällt jedem, wenn man Gäste erwartet, kann man damit richtig Punkten und großes erstaunen wecken.

Der Legende nach hat dieses Lammragout auf cremigem Auberginenpüree im 19. Jahrhundert Einzug in die **saray**-Küche gehalten. Bei einem großen Empfang wurde es Prinzessin Eugenie von Frankreich, der Gattin Napoleons III. serviert. Et voilà – geboren war ein neues Rezept, das dann auch gleich in die Kochbücher seinen Platz einnahm.

Zubereitung

1. Die Auberginen mit der Gabel anstechen und im Backofen ca. 30-40 min rösten, zwischendurch mal wenden (Noch besser wäre es natürlich auf dem Gasherd oder Holzkohlegrill, dann vorher bitte in Alufolie wickeln und langsam drehend rösten). Wenn sie Innen weich sind, rausnehmen, kurz abkühlen lassen und schälen. In der Mitte längs aufschneiden, entkernen und sehr klein hacken.

2. Sonnenblumenöl in einer Pfanne stark erhitzen und das in Würfel oder Streifen geschnittene Fleisch kurz von allen Seiten anbraten. Zwiebeln und Spitzpaprika dazugeben und bei geringer Hitze mitbraten, bis sie glasig sind. Anschließend die **salça** und das Wasser in die Pfanne geben, mit Salz und Pfeffer abschmecken. Bei geringer Hitze köcheln lassen bis das Wasser fast vollständig verdampft, bzw. das Fleisch weich ist.

3. In einer Pfanne die Butter schmelzen, das Mehl hinzugeben und anschwitzen. Milch langsam unter ständigem Rühren mit dem Schneebesen dazugeben bis es dickflüssiger und cremig wird. Nun die kleingehackten Auberginen damit vermengen. Auf geringer Hitze warm halten und eine handvoll **kaşar**-Käse vorsichtig unterrühren. Mit Salz und Muskat abschmecken. Zum Servieren je 2 Esslöffel vom Püree auf einem Teller verteilen und das Fleisch mit etwas Sauce in die Mitte platzieren, direkt auftischen.

Afiyet olsun!

Tipp: Damit sich die Schale der Aubergine besser ablöst, kann man sie kurzfristig mit Frischhaltefolie einwickeln. Bitte darauf achten, dass die gesamte Schale abgeschält wird, sie schmeckt sehr bitter.

Lammragout
auf cremigem Auberginen-püree

AUFWAND
10' VORBEREITUNG
45' ZUBEREITUNG
6 PORTIONEN

Dazu passt...
frischer, leichter Salat

Zutaten

500 g	Lammfleisch (Gulasch), gewürfelt
3 EL	Sonnenblumenöl
1 St	Zwiebel, klein gewürfelt
2 St	grüne Spitzpaprika, klein gewürfelt
1 EL	**salça** (eine Mischung aus Paprika- und Tomatenmark)
etwa 100	ml Wasser
1 Prise	Salz
1 Prise	Pfeffer

Für das Püree

5 St	mittelgroße, längliche Auberginen
125 g	Butter
3 EL	Mehl
450 g	Milch
1 Handvoll	**kaşar**-Käse (oder alternativ Goudakäse), gerieben
½ TL	Salz
1 Prise	Muskat

Lasen-Börek ~ Süße Filoteigschnitten mit Milchcreme-Füllung

Laz böreği oder Paponi
[lahs böreeji]

Süße Filoteigschnitten
mit Milchcreme-Füllung
Lasen-Börek

AUFWAND
30' VORBEREITUNG
60 ZUBEREITUNG
12 PORTIONEN

Dazu passt...
...ein Glas frischer Tee **>s70**

Zutaten

300 g	Filoteigblätter (ca. 10-15 Blatt)
150 g	geschmolzene Butter oder Butterschmalz
	Für die Milchcreme-Füllung:
1 L	Frischmilch
6 EL	feine Speisestärke
1 EL	Mehl
10 EL	Zucker
1 Packung	Natürliches Bourbon-Vanille Aroma (5g) oder Bourbon Vanillezucker
2 St	Eigelb
1 Prise	gemahlener Pfeffer
	Für den Sirup:
250 g	Wasser
200 g	Zucker
1 EL	Butter oder Butterschmalz
	Puderzucker, zum Bestreuen

Zubereitung

1. Für die Milchcreme-Füllung die Milch mit Speisestärke, Mehl und Zucker in einen Topf geben und mit einem Schneebesen glatt rühren. Unter ständigem Rühren erhitzen, bis die Masse eindickt. Den Topf vom Herd nehmen und warten bis die Milchcreme leicht abgekühlt ist. (ca.15 Minuten). Anschließend die Bourbon Vanille, eine gute Prise gemahlener Pfeffer und die zwei Eigelb unter sehr schnellem Rühren hinzufügen, um das Ausflocken zu vermeiden.

2. Butter oder Butterschmalz in einen kleinen Topf schmelzen und zur Seite Stellen.

3. Rundes Ofenblech mit ca. 3 cm Durchmesser einfetten, das erste Filoteigblatt als Boden einlegen so das die Ränder überstehen (das verhindert später das Auslaufen der Milchcreme). Mit geschmolzener Butter das **yufka** hinreichend bestreichen. Weiteres **yufka-Blatt** locker und leicht knitterig (damit das **börek** später schön luftig wird) als zweite Schicht bis zum Blechrand bedecken, wieder mit geschmolzener Butter bestreichen. So weiter abwechselnd verfahren bis die Hälfte der Filoteigblätter geschichtet sind. Anschließend die Milchcreme-Füllung einfüllen und gleichmäßig verteilen. Die restlichen Teigblätter vorsichtig in das Ofenblech schichten und mit Butter bestreichen.

4. Zum Schluss die Ränder der letzten **yufka-Schicht** mit den überstehenden Rändern der ersten Schicht zuklappen. Mit der restlichen Butter bestreichen. Das **börek** vor dem Backen mit einem scharfen Messer in gleichgroße Stücke schneiden.

5. Langsam bei 200 °C Ober-, Unterhitze backen bis die Oberfläche goldbraun und knusprig wird.

6. In der Zwischenzeit für den Sirup Wasser, Zucker und Butter in einem Topf kochen lassen bis es auf ca. 2/3 seiner Menge reduziert ist. Nachdem das Paponi aus dem Ofen kommt mit dem Sirup gleichmäßig bedecken und mindestens 1 Stunde ruhen lassen.

Afiyet olsun!

Tipp: Die Paponi vor dem Servieren mit etwas Puderzucker bestreuen.

Milchmaistraum
Güllaç
[gülllatsch]

Es gibt Gerichte und Süßspeisen, die gibt es nur zum Ramadan. Dazu gehört auch **güllaç**. In der Weihnachtszeit sind ja Lebkuchen in Deutschland die typische Süßspeise. Die Herkunft des güllaç ist laut Aufzeichnungen Mitte des 15. Jahrhunderts im Osmanischen Reiche zu finden. In den Serail des Sultans hat es die Süßspeise 1489 geschafft. Die Grundlage sind getrocknete Teigblätter, die aus Maisstärke und Mehl bestehen. Mit Milch und Zucker wird dann der Teig getränkt, mit Nüssen gefüllt und in Form gebracht. Als weitere Zutat hat sich auch das Rosenwasser (**gül suyu**) bewährt. Daher kommt auch der Name: **güllü aş** =Speise mit Rosen = **güllaç**. Es ist eine relativ leichte Süßspeise (je nach Zuckermenge) und kann im Fastenmonat mit Genuss gegessen werden. In Deutschland bekommt man es immer in den hiesigen türkischen Supermärkten.

Milchmaistraum

AUFWAND

15' VORBEREITUNG
30 ZUBEREITUNG
6 PORTIONEN

Passt dazu...
Lecker **çay** >s70

Zutaten

1 l	Milch
6 Stk	**güllaç** Teigblätter (gibt es im türk. Supermarkt)
250 g	Zucker
150 g	Nüsse (Walnüsse, Haselnüsse, Pistazien...)
	Marmelade oder Granatapfel zur Deko
3 TL	Rosenwasser (nach Belieben)

Zubereitung

1. Die Milch mit Zucker erwärmen und noch warm weiterverarbeiten (hier fügt man nach Belieben das Rosenwasser hinzu). Mit der Milch die Teigblätter behutsam in einer großen Form tränken.

2. Die Teigblätter in der Mitte falten. Die geraspelten Nüsse (Walnüsse, Pistazien, Haselnüsse etc.) an der längsten Seite parallel von einem Esslöffel verteilen.

3. An einer Ecke beginnend, die Nuss-Füllung einwickeln. Zum Schluss den gewickelten Teig schneckenförmig einrollen.

4. In ein tiefes Gefäß legen. Mit dem Rest der Milch das Gefäß auffüllen und ziehen lassen.

5. Mit Nüssen und/oder Früchten (Marmelade, Granatapfel) dekorieren oder pur genießen.

Afiyet olsun!

NACHSPEISE/TATLI

Engelshaar mit süßer Milchcreme-Füllung

Muhallebili tel kadayıfı
[muhhalebbiilii tell kahdayfeh]

In der Süßspeise **muhallebili tel kadayıfı** verbinden sich knusprig-aromatische Teigfäden mit der lecker-leichten Milchcreme zu einem himmlisch-delikaten Dessert. Im Kühlschrank gelagert kann man es über mehrere Tage genießen.

Engelshaar
mit süßer Milchcreme-Füllung

Passt dazu...
frische Früchte und heißer Schwarztee **>s70**

Zutaten

350 g	**tel kadayıf** (Teigfäden, auch Engelshaar genannt, findet man in türkischen Lebensmittelgeschäften)
3 EL	Butter
3 EL	Zucker
200 g	Walnüsse, grob gehackt

Für die Milchcreme-Füllung:

1 L	Frischmilch
4 EL	Mehl
3 EL	feine Speisestärke
200 g	Zucker
1 St	Eigelb
1 PK	Natürliches Bourbon-Vanille Aroma (5g) oder Bourbon Vanillezucker
200 ml	Schlagsahne

Zum Garnieren:

50 g	gehackte Pistazien oder frische Früchte der Saison, nach Belieben

Zubereitung

1. Die gekauften *kadayıf*-Teigfäden in etwa 1-2 cm lange Fäden schneiden und etwas auseinanderziehen. In einer großen, beschichteten Pfanne die Butter schmelzen, Zucker und *kadayıf*-Teigfäden hinzufügen. Bei mittlerer Hitze unter ständigem rühren langsam und gleichmäßig anbraten bis sie Farbe bekommen. Die gehackten Walnüsse zugeben und goldbraun mitrösten. So entfaltet sich das typisch, butterige Aroma. Das kann ca. 20-25 Minuten dauern. Zum Abkühlen in eine andere Schüssel umfüllen (In der heißen Pfanne würden die Teigfäden weiter rösten).

2. Außer Vanille und Sahne alle Zutaten für die Milchcreme in einen Topf geben, rühren und langsam erhitzen. Ca. 3 Minuten nach dem Aufkochen vom Herd nehmen und 15 Minuten abkühlen lassen. Vanille und Sahne mit einem Schneebesen oder Mixer einrühren bis eine homogene Milchcreme entsteht.

3. Die Hälfte der gerösteten *kadayıf*-Teigfäden in eine ofenfeste Form (ca. 30 cm Durchmesser) geben. Nun die Milchcreme vorsichtig darauf verteilen und mit den restlichen Teigfäden bedecken. Mindestens 2 Stunden ins Kühlfach stellen (noch besser über Nacht). Kleine Portionen herausschneiden und mit einem Pfannenwender oder Spachtel vorsichtig auf einem Teller heben, mit frischen Früchten oder gehackten Pistazien anrichten.

Afiyet olsun!

Tipp: Wenn man die gekauften *kadayıf*-Teigfäden 2 Stunden in der Tiefkühltruhe aufbewahrt lassen sie sich leichter schneiden.

Schau Dich Türkisch

alle Rezepte mit Videos auf einen Blick

Aşure s36
http://goo.gl/WBGFb

Havuçlu yoğurt s74
http://goo.gl/IBGv2

Ayran s150
http://goo.gl/sc6zY

Haydari s124
http://goo.gl/snw4O

Etli biber dolması s28
http://goo.gl/YDnFB

İçli köfte s134
http://goo.gl/iVDwp

Tepsi böreği s82
http://goo.gl/b0TUq

İmam bayıldı s180
http://goo.gl/4l1A1

Cacık s14
http://goo.gl/QStAT

İrmik helvası s62
http://goo.gl/A9ARa

Çay s70
http://goo.gl/m9A2f

Kabak tatlısı s34
http://goo.gl/4l1A1

Türk Kahvesi s144
http://goo.gl/s2QkS

Sigara böreği s140
http://goo.gl/yxV6l

Kısır s76
http://goo.gl/4lXLD

Sucuklu yumurta s106
http://goo.gl/VyY1u

Köfte s164
http://goo.gl/eHmtH

Tahin pekmez s110
http://goo.gl/v0Z0z

Bademli kurabiye s84
http://goo.gl/Fmfwc

Tavuklu pilav s184
http://goo.gl/g9NFA

Kuru fasulye s26
http://goo.gl/jc2lb

Kadınbudu köfte s186
http://goo.gl/VNG0X

Mercimek çorbası s176
http://goo.gl/0Acj6

Kategorien/Zutaten

Rezepte Deutsch

BEILAGEN
- BÖREK IM BACKBLECH 82
- KLASSISCHER REIS PILAV 20
- YUFKATEIG FÜR BÖREK 80

FLEISCH
- ADANA KEBAP (GEGRILLT) 166
- BULGURKLÖSSE 134
- FRAUENSCHENKEL FRIKADELLEN 186
- OFEN FRIKADELLEN NACH IZMIR ART 190
- GEFÜLLTE WEINBLÄTTER MIT HACKFLEISCH 188
- HÄHNCHEN-GEMÜSE-SPIESSE 160
- KÖFTE IM SCHLAFROCK 60
- MARINIERTE LAMMKOTELETTS (GEGRILLT) 162
- LEBER ALBANISCHE ART 130
- MARINIERTE HÄHNCHEN-GEMÜSE-SPIESSE (GEGRILLT) 160
- REIS MIT HÜHNCHEN 184
- GEGRILLTE SUCUK 168
- TÜRKISCHE FRIKADELLEN 164
- TÜRKISCHE WEISSKOHL ROULADEN 58

FRÜHSTÜCK
- DIP AUS SESAMPASTE UND TRAUBENSIRUP 110
- SPIEGELEIER MIT SUCUK 106
- WÜRSTCHEN IN TOMATENSOSSE 104

GEBÄCK
- HERZHAFTE KURABIYE NACH GÄRTNERART 86
- KURABIYE MIT MANDELN 84
- SCHAFSKÄSE-BRÖTCHEN 108

GEMÜSE
- MIT KÄSE GEFÜLLTE CHAMPIGNONS (GEGRILLT) 158
- HALLOUMI-CHAMPIGNON-SPIESSE MIT MARINIERTEN KRÄUTERN (GEGRILLT) 154
- DER IMAM FIEL IN OHNMACHT 180
- GEGRILLTE MAISKOLBEN 156
- GESCHMORTES LAMMFLEISCH MIT OKRASCHOTEN 32
- SELLERIE-KNOLLE IN OLIVENÖL MIT MÖHREN 48
- SPINAT MIT HACKFLEISCH UND JOGHURT 24
- WEISSER BOHNEN EINTOPF 26

GETRÄNKE
- TÜRKISCHER MOKKA 144
- TÜRKISCHER TEE 70
- TÜRKISCHES JOGHURTGETRÄNK 150

MEZE
- AUBERGINENPASTE MIT JOGHURT 44
- DOLMA 188
- FAVA PÜREE MIT DILL 46
- FEURIG-SCHARFE, FRUCHTIGE GEMÜSE-SALSA 122
- HUMMUS ~ KICHERERBSEN PÜREE 130
- PIKANTE JOGHURT-KÄSECREME 124
- LINSENLAIBCHEN 128
- ŞAKŞUKA ~ GEBRATENES GEMÜSE MIT JOGHURT 118
- SPINAT-JOGHURT SALAT 116
- PAÇANGA BÖREĞI ~ YUFKA-TEIGTASCHEN, MIT PASTIRMA 182
- YOĞURTLU ISPANAK 116
- ZIGARETTEN-BÖREK ~ GEFÜLLTE TEIGRÖLLCHEN 140
- ZUCCHINIPUFFER 132

NACHSPEISEN
- OMA SENIHA'S GEDECKTER APFELKUCHEN 170
- ENGELSHAAR IN SIRUP MIT GESCHMOLZENEM KÄSE 142
- ENGELSHAAR MIT SÜSSER MILCHCREME-FÜLLUNG 200
- SÜSSER KÜRBIS MIT KAYMAK 34
- SULTANS ENTZÜCKEN ~ LAMMRAGOUT AUF CREMIGEM AUBERGINENPÜREE 192
- LASEN-BÖREK ~ SÜSSE FILOTEIGSCHNITTEN MIT MILCHCREME-FÜLLUNG 194
- MILCHMAISTRAUM 198
- NOAHS SÜSSSPEISE 36
- SÜSSE RÖLLCHEN MIT ENGELSHAAR UND WALNÜSSEN 90

SALATE
- AUBERGINENSALAT 126
- BULGURSALAT 76
- FRUCHTIG-ORIENTALISCHER LINSENSALAT 152
- PORTULAK SALAT 178
- RUSSISCHER SALAT 120

SUPPEN
- ALMSUPPE 10
- OMA HANIFE'S KALTE JOGHURTSUPPE MIT WEIZEN 42
- ROTE LINSENSUPPE 176
- TARHANA SUPPE 96

Rezepte Türkisch

BEILAGEN
- PIRINÇ PILAVI 20
- TEPSI BÖREĞI 82
- YUFKA HAMURU 80

FLEISCH
- ADANA KEBAP 166
- BEYTI KEBAP 60, 61
- ETLI BIBER DOLMASI 28
- ARNAVUT CIĞERI 138
- ETLI LAHANA SARMASI 58
- ETLI YAPRAK SARMASI 188
- EV USULÜ BEYTI KEBAP 60
- HÜNKÂR BEĞENDI 192
- İÇLI KÖFTE 134
- KADINBUDU KÖFTE 186
- KARNIYARIK 180
- FIRINDA İZMIR KÖFTE 190
- KÖFTE 164
- MANGALDA SUCUK 168
- MANGALDA TAVUK ŞIŞ 160
- GEFÜLLTE PAPRIKA MIT HACKFLEISCH 28
- PIRZOLA 162
- TAVUKLU PILAV 184
- TAVUK ŞIŞ 160

FRÜHSTÜCK
- PASTIRMALI YUMURTA 106
- SALÇALI SOSIS 104
- SUCUKLU YUMURTA 106
- TAHIN PEKMEZ 110

GEBÄCK
- BAHÇIVAN KURABIYESI 86
- BADEMLI KURABIYE 84
- POĞAÇA 108

GEMÜSE
- ETLI BAMYA 32
- HELLIM ŞIŞ 154
- HÜNKÂR BEĞENDI 192
- İMAM BAYILDI 180
- KIYMALI ISPANAK 25
- ZEYTINYAĞLI KEREVIZ 48
- KIYMALI ISPANAK 25
- KURU FASULYE 26, 27
- MANGALDA MISIR 156
- MANGALDA PEYNIRLI MANTAR 158
- ŞAKŞUKA 118
- YOĞURTLU ISPANAK 117

GETRÄNKE
- AYRAN 150
- ÇAY 67, 70
- RAKI 74, 121, 122, 138
- TÜRK KAHVESI 144

MEZE
- ANTEP EZMESI 122
- BABA GANNUŞ 126
- CACIK 125
- FAVA 46
- HAVUÇLU YOĞURT 74
- HAYDARI 124, 125
- HUMUS 130
- KABAK MÜCVERI 132
- MERCIMEKLI KÖFTE 128
- PAÇANGA BÖREĞI 182
- RUS SALATASI 121
- ŞAKŞUKA 118
- SIGARA BÖREĞI 140
- YOĞURTLU PATLICAN EZMESI 44

NACHSPEISEN
- AŞURE 36
- GÜLLAÇ 198, 199
- GÜLLAÇ 198
- İRMIK HELVASI 62
- KABAK TATLISI 34
- KÜNEFE 142
- LAZ BÖREĞI 194
- MUHALLEBILI TEL KADAYIFI 200
- PAPONI 194
- ŞEKERPARE 88
- SENIHA ANNENIN ELMALISI 170
- YUFKALI KADAYIF SARMASI 90

SALATE
- KISIR 76
- MEYVELI MERCIMEK SALATASI 152
- RUS SALATASI 120
- SEMIZOTU SALATASI 178

SUPPEN
- BUĞDAYLI AYRAN ÇORBASI 42
- MERCIMEK ÇORBASI 176
- TARHANA ÇORBASI 96
- YAYLA ÇORBASI 10

Zutaten auf Deutsch

ÄPFEL 110, 171
APRIKOSEN 37
AUBERGINEN 21, 44, 45, 55, 118, 119, 127, 180, 181, 193
BACKPULVER 85, 87, 109, 171
BOHNEN 37
BUTTER 11, 21, 27, 29, 30, 51, 52, 53, 55, 59, 61, 62, 63, 83, 87, 89, 91, 97, 107, 135, 143, 157, 159, 171, 177, 185, 189, 193, 195, 196, 197, 201
CHAMPIGNONS 154, 155, 158, 159, 161
CHILIFLOCKEN 13, 15, 25, 27, 29, 30, 31, 51, 59, 61, 73, 77, 97, 101, 105, 107, 117, 119, 123, 127, 129, 131, 133, 161, 163, 166, 167, 177, 179, 187, 191
CHILLIFLOCKEN 11, 83, 134, 164, 165, 177, 193
DILL 15, 46, 47, 75, 77, 83, 87, 101, 109, 125, 133, 141
EI 11, 73, 83, 85, 87, 89, 102, 103, 107, 121, 133, 135, 136, 164, 165, 187, 191
EIGELB 42, 61, 83, 85, 87, 109, 195, 196, 201
EMMENTALER 87
ERBSEN 21, 121
FEIGEN 37
FLEISCHBRÜHE 11
GRANATAPFELKERNE 37
GRANATAPFELSIRUP 77, 99, 123, 179, 206
GURKEN 15, 77, 93, 99, 121
HACKFLEISCH 24, 25, 28, 29, 30, 54, 55, 59, 61, 82, 108, 134, 135, 164, 165, 167, 180, 187, 188, 189, 191
HÄHNCHENBRUST-FILETS 161
HALLOUMI 155
HONIG 93, 113, 153, 157, 161
JOGHURT 10, 11, 15, 17, 24, 25, 29, 31, 33, 42, 43, 44, 45, 53, 59, 74, 75, 85, 87, 96, 109, 112, 116, 117, 118, 119, 123, 124, 125, 133, 137, 150, 151, 161, 187, 189, 206
KARTOFFELN 13, 57, 83, 118, 121, 132, 139, 176, 191
KÄSE 83, 87, 90, 93, 101, 112, 142, 143, 154, 158, 159, 161, 182, 183, 193
KICHERERBSEN 21, 22, 23, 25, 37, 130, 131
KNOBLAUCH 15, 22, 27, 30, 44, 45, 55, 61, 75, 93, 103, 106, 107, 117, 119, 125, 127, 131, 154, 155, 159, 161, 163, 164, 165, 167, 169, 176, 177, 181, 187, 189, 191
KNOBLAUCHZEHE 15, 29, 33, 45, 51, 55, 57, 103
KREUZKÜMMEL 22, 23, 127, 129, 131, 135, 136, 153, 164, 165, 187, 191
LAMM-MEDAILLONS 163
LEBER 138, 139
MAISGRIESS 62, 63, 135, 136
MANDELN 37
MEHL 11, 49, 79, 80, 81, 85, 87, 89, 96, 97, 109, 133, 135, 136, 139, 171, 187, 193, 195, 196, 198, 201
MILCH 15, 37, 51, 61, 62, 63, 83, 109, 114, 171, 183, 193, 195, 196, 198, 199, 201
MINZE 10, 11, 13, 29, 30, 42, 43, 59, 75, 77, 99, 101, 103, 123, 125, 127, 133, 135, 155, 177, 189
MÖHREN 16, 48, 49, 74, 75, 121, 132, 153
MOKKA 145
MOZZARELLA 90, 143
MUSKATKÜRBIS 35
OLIVEN 13, 45, 73, 85, 86, 93, 99, 112
OLIVENÖL 13, 15, 16, 17, 18, 19, 25, 29, 42, 43, 45, 46, 47, 48, 49, 57, 73, 75, 77, 83, 99, 103, 112, 117, 119, 123, 125, 127, 129, 131, 153, 154, 155, 163, 164, 165, 179, 180, 181, 191
ORANGENSAFT 35, 49, 91, 143
ORANGESCHALE 37
PAPRIKA 19, 23, 25, 27, 28, 29, 30, 31, 33, 43, 55, 57, 59, 61, 77, 83, 97, 107, 117, 123, 129, 135, 141, 154, 155, 161, 167, 189, 191, 193, 206
PAPRIKAPULVER 23, 51, 55, 57, 127, 131
PETERSILIE 13, 29, 30, 31, 33, 53, 55, 61, 73, 75, 77, 83, 97, 99, 101, 103, 105, 107, 109, 119, 123, 125, 127, 129, 133, 135, 139, 141, 155, 159, 164, 165, 167, 181, 183, 187, 189, 191
PFEFFER 11, 15, 21, 23, 25, 27, 29, 30, 45, 49, 52, 53, 55, 57, 59, 73, 75, 77, 83, 97, 99, 101, 103, 107, 117, 119, 121, 123, 125, 133, 135, 136, 139, 153, 154, 155, 164, 165, 177, 181, 185, 187, 189, 191, 193, 195, 196
PINIENKERNE 21, 62, 63, 185
PISTAZIEN 37, 91, 143, 199, 201
RAHM 35
RAPSÖL 22, 23, 81, 161
REIS 7, 11, 16, 17, 20, 21, 25, 31, 37, 49, 51, 55, 57, 59, 139, 165, 181, 184, 185, 187, 189, 206
ROSINEN 37
SALZ 11, 13, 15, 17, 19, 21, 23, 25, 27, 29, 30, 33, 43, 45, 47, 49, 51, 52, 53, 55, 57, 59, 61, 63, 75, 77, 79, 80, 81, 97, 99, 101, 103, 107, 109, 117, 119, 121, 123, 125, 127, 129, 131, 133, 135, 136, 137, 139, 150, 151, 153, 157, 164, 165, 167, 171, 176, 177, 179, 181, 185, 187, 189, 191, 193
SCHWARZKÜMMEL 83, 87, 109, 206
SESAMPASTE 35, 110, 111, 131
SONNENBLUMENÖL 33, 85, 109, 133, 183, 187, 193
SPEISEÖL 139
SPEISESTÄRKE 37, 195, 196, 201
SPINAT 24, 25, 82, 108, 116, 117
SPITZPAPRIKA 13, 23, 27, 55, 61, 73, 77, 99, 103, 107, 119, 123, 127, 148, 159, 165, 167, 169, 181, 183, 191, 193
SUPPENNUDELN 21
THYMIAN 43, 57, 105, 119, 123, 155, 159, 163, 179, 181, 187, 191, 206
TOMATEN 18, 19, 21, 23, 27, 29, 30, 54, 55, 59, 61, 77, 93, 99, 103, 105, 108, 112, 118, 119, 123, 139, 167, 169, 179, 181, 183, 189, 191
VANILLEZUCKER 171, 201
WALNÜSSE 13, 35, 37, 45, 51, 65, 75, 91, 135, 179, 199, 201
WEINBLÄTTER 188, 189
WEISSBROT 51, 93, 105, 110, 114, 165
GESCHÄLTER WEIZEN 37
YUFKA 61, 80, 81, 82, 83, 91, 140, 141, 182, 183, 196
ZIMT 37, 171, 187
ZITRONE 11, 13, 17, 33, 45, 65, 73, 77, 89, 91, 99, 121, 123, 127, 129, 131, 153, 189
ZITRONENSAFT 11, 17, 33, 35, 45, 47, 73, 77, 89, 91, 99, 112, 121, 127, 135, 137, 153, 177, 179
ZUCCHINI 118, 133, 153
ZUCKER 17, 19, 35, 37, 47, 49, 55, 62, 63, 65, 68, 79, 85, 89, 91, 105, 109, 119, 143, 145, 171, 181, 195, 196, 197, 198, 199, 201
ZWIEBEL 13, 19, 25, 33, 42, 43, 49, 73, 77, 99, 103, 127, 129, 148, 154, 155, 161, 176, 177, 181, 191, 193
FRÜHLINGSZWIEBELN 13, 77, 87, 99, 101, 133, 139, 153
ZWIEBELN 17, 19, 23, 25, 27, 29, 30, 33, 42, 47, 49, 51, 54, 55, 59, 103, 123, 129, 135, 139, 161, 164, 165, 181, 187, 189, 191, 193

Zutaten auf Türkisch

ARPA ŞEHRIYE 52
AŞURELIK BUĞDAY 37, 43
BAL KABAĞI 35
BAMYA 33
BEYAZ PEYNIR 53, 73, 75, 83, 93, 103, 109, 112, 113, 125, 140, 141, 159, 206
BULGUR 129
ÇÖKELEK PEYNIRI 101
ÇÖREK OTU 83, 87, 109
GÜL SUYU 198
HELLIM 155
KADAYIF 143
KAŞAR 93, 159, 182, 183, 193, 206
KEKIK 42, 43, 57, 105, 119, 123, 159, 163, 179, 181, 187, 191, 206
KÖFTELIK BULGUR 129
KUŞBAŞI ET 22
NAR EKŞISI 123, 179
PARMAK SUCUK 107, 169
PASTIRMA 27, 93, 182, 183, 206
PIDE 119
PUL BIBER 11, 13, 15, 25, 27, 29, 30, 51, 59, 61, 73, 77, 83, 97, 107, 119, 123, 129, 133, 135, 161, 163, 165, 166, 167, 177, 179, 187, 191, 206
SALÇA 19, 23, 25, 27, 29, 30, 33, 42, 43, 59, 61, 97, 123, 129, 135, 136, 161, 189, 190, 191, 193, 206
ŞEHRIYE 21
SEMIZOTU 179
KÜÇÜK SOSIS 105
SOSIS 121
SUCUK 27, 106, 107, 147, 157, 159, 168, 169, 206
SUMAK 131, 139, 167, 206
TAHIN 131
TARHANA 97
TEL KADAYIF 143
YOĞURT 15, 25, 29, 74, 75, 85, 117, 119, 125, 151, 189, 206
YUFKA 61, 80, 81, 82, 83, 91, 140, 141, 182, 183, 19

Glossar

aşurelik buğday Geschälter Weizen

ayran Salzhaltiges Erfrischungsgetränk auf Joghurtbasis

bal kabağı Kürbis

bamya Okraschote

beyaz peynir Weißer Salzlakenkäse aus Kuh-, Ziegen-, oder Schafsmilch, wird oft als Schafskäse bezeichnet

börek Spezialität aus geschichteten Teigblättern mit Füllung

bulgur Eine Art Hartweizengrütze, die es in verschiedenen grob- und feinkörnigen Varianten gibt. Feiner *bulgur* muss nicht gekocht werden. Sie mit kochendem Wasser begießen und ziehen zu lassen reicht aus.

cacık Knoblauch-Joghurt-Creme

çay Schwarzer Tee

cezve Eine Cezve ist ein kleines metallisches Gefäß mit langem Stiel, welches zum Aufkochen des *kahve*, dem türkischen Mokka verwendet wird. Das Material zur Herstellung ist traditionell Messing und Kupfer, heute vermehrt Edelstahl, Aluminium oder sogar Keramik.

çökelek peyniri Eine Art Magermilchkäse, der relativ neutral im Geschmack ist

çörek otu Schwarzkümmel

dolma Oberbegriff für gefülltes Gemüse

erişte Nudeln

etli bamya Okraschoten mit Fleischeinlage

etli biber dolması Gefüllte Paprikaschoten in der Variante mit Hackfleisch

Filoteig Sehr dünne Teigblätter die man für *baklava* oder ähnliche Teigwarengerichte benötigt. Nicht zu verwechseln mit *yufka* die etwas dicker sind und mit denen man eher herzhafte Speisen bereitet.

halloumi/hellim Halbfester Grillkäse aus Schafs-, Kuh- oder Ziegenmilch (oder einer Mischung)

kabak tatlısı Kürbis-Dessert

kahve Kaffee, *türk kahvesi* bedeutet hingegen Mokka

kaşar (ausgesprochen Kaschar) türkischer Schnittkäse, der ursprünglich aus Schafs- oder Ziegenmilch hergestellt wurde. Die Konsistenz ist geschmeidig bis fest, am ehesten mit einem milden Gouda zu vergleichen.

kaymak Milchrahm

kekik Thymian

köfte Eine Art Frikadelle

kurabiye Herzhafte Plätzchen, z.B. salzig

meze Türkische Vorspeisen, darf auf keiner Rakı-Tafel fehlen

nar ekşisi Der rotbräunliche, dickflüssige Granatapfelsirup schmeckt säuerlich, fruchtig-herb und passt deshalb ungemein gut zu Salaten. Ähnlich wie Balsamico in der italienischen Küche kann man es sehr vielseitig einsetzen.

oklava Rundholz zum Ausrollen der flachen *yufka*-Teigblätter

pastırma türkischer Rinderdörrfleisch umhüllt mit einer stark gewürzten Paste, dessen Ursprung bei den Turkvölkern liegt

pekmez türkischer Traubensirup

poğaça Salzige Hefeteig-Teilchen mit diversen Füllungen

pilav Zu deutsch Pilaw, ist der Überbegriff für die Zubereitung dieser Art von Gerichten. Hauptzutat besteht meist aus Reis, kann aber auch aus *bulgur*, *erişte* oder *şehriye* zubereitet werden.

pul biber Flocken aus rotem Chili

rakı Türkischer Anisschnaps. Hochprozentige Spirituose aus Rosinen, Trauben und würzigen Anissamen. Seinen unverwechselbaren lakritzähnlichen Geschmack bekommt die türkische Spezialität durch die zweifache Destillation und dem Zusatz von Anis. Er reift monatelang in Eichenholzfässern.

salça Mischung aus Paprika- und Tomatenmark

semaver Samowar

semizotu Portulak Pflanze, genutzt als Salatpflanze

sosis Geflügel- oder Rindswürstchen

sucuk Würzige Rinder-Knoblauchrohwurst

sumak Getrockneter und gemahlener Gewürzsumach mit einem säuerlichen Geschmack

süzme yoğurt Joghurt mit 10 Prozent fett, auch bekannt als stichfester Joghurt oder Sahnejoghurt

şakşuka Gebratenes Gemüse, kalt in Joghurt serviert

şehriye Oberbegriff für verschiedene Arten von Suppennudeln aus Hartweizen

tahin Sesampaste

taze fasulye Frische Gartenbohnen

yufka Dünne Teigblätter lediglich bestehend aus Mehl, Wasser und Salz

zeytinyağlı yemekler Oberbegriff für mit Olivenöl zubereitete kalte Gemüsegerichte

Sprich Dich Türkisch

Die türkische Sprache ist eine sehr berechenbare, weshalb man oft in diesem Zusammenhang hört, dass sie sehr mathematisch sei. Im Türkischen wird alles so ausgesprochen wie es geschrieben wird und es wird alles klein geschrieben. Es sei denn, es handelt sich um einen Eigennamen.

Selbst Fremdwörter werden einfach in die türkische Schreibweise adaptiert. So heißt Crème Caramel im Türkischen einfach **krem karamel**. Einfach quadratisch praktisch gut. Man liest wie man spricht und spricht wie man liest. Zusammengesetzte Wörter werden immer auseinander geschrieben. Und auch braucht man sich keine Gedanken um Umlaute oder Ausnahmen zu machen. Beispielsweise wird das türkische v nicht wie im Deutschen mal wie ein f und dann wie ein w, sondern immer wie ein w ausgesprochen. Das türkische **s** wird immer wie ein deutsches ß **artikuliert**. Die Aussprache einiger Buchstaben weicht etwas von die der deutschen ab und einige Buchstaben wie das w, das x oder das ß gibt es im türkischen Alphabet erst gar nicht. Im Folgenden erklären wir Euch die Besonderheiten dieser Buchstaben.

e Ungerundeter halboffener Vorderzungenvokal wie dt. *ä* in *Ärger*.

c Aussprache: dsch. Wird wie **Dschungel** oder **Django** ausgesprochen.

ç Aussprache: tsch. Wird wie **Tschüß** oder **ciao** ausgesprochen.

ğ Stimmloses Dehnungs-g, im Türkischen **yumuşak g** (weiches g) genannt. Er dient am Silbenende zur Dehnung des davor stehenden Vokals (etwa wie das Dehnungs-h), kann auch einen fließenden Übergang von einem Vokal zum nächsten bewirken.

ı Das i ohne Punkt wird wie eine stimmloses e ausgesprochen. Es wird wie das 'e' in **Flasche** ausgesprochen, aber nicht verschluckt.

j wird wie im englischen ausgesprochen, wie das Wort **jacket** oder der Frauenname **Janet**.

s Wird wie ein scharfes ß ausgesprochen.

ş Aussprache: sch

v Aussprache wie das w.

z Ein weiches s, wie die Wörter **Serbien** oder **Hase**.

Danke

Wir danken allen, die tatkräftig bei diesem Projekt mitgemacht haben. Außerdem danken wir allen Supportern bei Startnext, die durch die Vorfinanzierung das Buch erst möglich gemacht haben. Außerdem hat uns Tufan von Gourient.de immer wieder mal mit gourientalischen Leckereien ausgestattet – Danke! Die Agenturen SANSHINE und Wortfreunde unterstützten uns gestalterisch in der Anfangsphase – Danke!

Familien
- Familie Tançgil (Nilüfer, Ayşe, Mehmet) und Mama Nurzan Öğren
- Familie Şahin (Hatice, Dilek, Yavuz) und Mama Perihan Parasız
- Schwester Nihan A.
- HeirateDichTürkisch-Star David Ö.

Freunde
- Jessica + Christian S.
- Işıl C.
- Madame & Monsieur Rebelote

Partner
- Startnext, Berlin
- Gourient.de
  Entdecke die Vielfalt türkischer Spezialitäten
- SANSHINE, Wortfreunde, Stuttgart

Das Team

stehend Orhan Tançgil ~ Ayşe Tançgil ~ Nilüfer Tançgil ~ Yusuf Şahin
sitzend Orkide Tançgil ~ Nilüfer Şahin

AUTORINNEN, REDAKTION NILÜFER ŞAHIN, YUSUF ŞAHIN, ORHAN TANÇGIL, ORKIDE TANÇGIL ~ REDAKTION REZEPTE, FOOD-STYLING ORKIDE TANÇGIL ~ ART DIRECTOR, FOOD-FOTOGRAFIE ORHAN TANÇGIL ~ GESTALTUNG, DESIGN ORHAN TANÇGIL, ORKIDE TANÇGIL ~ MARKETING YUSUF ŞAHIN ~ BILDBEARBEITUNG AYŞE TANÇGIL, ORHAN TANÇGIL

...htig~ sind Börekjunkies~ essen gerne Frauenschenkelköfte~ haben... ...biyekrümler und Pideschnüffler~ Wir sind köftesüchtig~ sind Bör... ...en & Knoblauch-Deutsche~ sind Mokkamakina, Kurabiyekrümler... ...kelköfte~ haben Kebabinator unter uns~ sind Bio-Türken & Knobl... ...nüffler~ Wir sind köftesüchtig~ sind Börekjunkies~ essen gerne Fr... ...eutsche~ sind Mokkamakina, Kurabiyekrümler und Pideschnüffle... ...Bio-Türken & Knoblauch-Deutsche~ sind Börekjunkies~ essen gern... ...sind Bio-Türken & Knoblauch-Deutsche~ sind Mokkamakina, Kur... ...auenschenkelköfte~ haben Kebabinator unter uns~ sind Bio-Türk... ...sind köftesüchtig~ sind Börekjunkies~ essen gerne Frauenschenke... ...akina, Kurabiyekrümler und Pideschnüffler~ Wir sind köftesüch... ...n Kebabinator unter uns~ sind Bio-Türken & Knoblauch-Deutsche... ...Börekjunkies~ Wir sind köftesüchtig~ essen gerne Frauenschenke... ...akina, Kurabiyekrümler und Pideschnüffler~ Wir sind köftesüch... ...d Bio-Türken & Knoblauch-Deutsche~ sind Mokkamakina, Kuraby... ...enschenkelköfte~ haben Kebabinator unter uns~ sind Bio-Türken &... ...sind köftesüchtig~ sind Börekjunkies~ essen gerne Frauenschenke... ...akina, Kurabiyekrümler und Pideschnüffler~ Wir sind köftesüch... ...d Bio-Türken & Knoblauch-Deutsche~ sind Bio-Türken & Knoblauch... ...htig~ sind Börekjunkies~ essen gerne Frauenschenkelköfte~ haber... ...biyekrümler und Pideschnüffler~ Wir sind köftesüchtig~ sind Bör... ...ben Kebabinator unter uns~ sind Bio-Türken & Knoblauch-Deutsc... ...Börekjunkies~ essen gerne Frauenschenkelköfte~ haben Kebabin... ...ekrümler und Pideschnüffler~ Wir sind köftesüchtig~ sind Börekj... ...en & Knoblauch-Deutsche~ sind Mokkamakina, Kurabiyekrümler... ...kelköfte~ haben Kebabinator unter uns~ sind Bio-Türken & Knobl... ...htig~ sind Börekjunkies~ essen gerne Frauenschenkelköfte~ haber... ...d Bio-Türken & Knoblauch-Deutsche~ sind Börekjunkies~ essen ge... ...sind köftesüchtig~ sind Börekjunkies~ essen gerne Frauenschenke... ...akina, Kurabiyekrümler und Pideschnüffler~ Wir sind köftesüch... ...d Bio-Türken & Knoblauch-Deutsche~ sind Mokkamakina, Kuraby... ...enschenkelköfte~ haben Kebabinator unter uns~ sind Bio-Türken &... ...sind köftesüchtig~ sind Börekjunkies~ essen gerne Frauenschenk... ...tesüchtig~ sind Mokkamakina, Kurabiyekrümler und Pideschnüf... ...Börekjunkies~ essen gerne Frauenschenkelköfte~ haben Kebabin... ...mler und Pideschnüffler~ sind Bio-Türken & Knoblauch-Deutsche... ...sen gerne Frauenschenkelköfte~ haben Kebabinator unter uns~ si... ...nüffler~ Wir sind köftesüchtig~ sind Börekjunkies~ essen gerne Fr... ...eutsche~ sind Mokkamakina, Kurabiyekrümler und Pideschnüffle... ...abinator unter uns~ sind Bio-Türken & Knoblauch-Deutsche~ sind... ...nkies~ Wir sind köftesüchtig~ essen gerne Frauenschenkelköfte~ h... ...Kurabiyekrümler und Pideschnüffler~ Wir sind köftesüchtig~ sin... ...ator unter uns~ sind Bio-Türken & Knoblauch-Deutsche~ sind Mok... ...ies~ essen gerne Frauenschenkelköfte~ haben Kebabinator unter u... ...schnüffler~ Wir sind köftesüchtig~ sind Börekjunkies~ essen gern... ...eutsche~ sind Mokkamakina, Kurabiyekrümler und Pideschnüffl... ...abinator unter uns~ sind Bio-Türken & Knoblauch-Deutsche~ sind...